Ana Asensio es madre de familia numerosa y psicóloga de formación. Sus veinte años de experiencia en la profesión, que es también su gran pasión, le han servido para perfeccionarse como experta en psicoterapia Gestalt, desarrollo evolutivo, terapia del lenguaje y transpersonal, *mindfulness*, relaciones familiares y autismo.

En el año 2006 fundó el colegio específico para niños con autismo Juan Martos y en 2007 el centro de psicología y orientación Agenda, especializado inicialmente en intervención para trastornos generalizados del desarrollo y problemas de comunicación y lenguaje. Dos años más tarde, el centro crece y se diversifica, ampliando secciones y abriendo un espacio de psicología para familias, *coaching* y psicoterapia, con dedicación a adultos, jóvenes y niños con dificultades más comunes, aunque no menos únicas. En 2008 puso las bases de la Fundación Quinta de Ayuda al Autismo. Actualmente es socia directora de la Escuela Infantil Nemomarlin Majadahonda y directora del proyecto Vidas en Positivo.

Le gustan los animales y explota siempre que puede la parte más divertida de la vida: comer, viajar, reír. Pero, sobre todo, hacer a la gente feliz. Por esta razón se dedica con entusiasmo a la psicología, que es, según ella misma, lo que mejor sabe hacer.

Para más información, visita la página web de la autora:
www.vidasenpositivo.com

También puedes seguir a Ana Asensio en
Facebook: Vidas en positivo
Twitter: @vidasenpositivo
Instagram: @vidas.enpositivo
YouTube: Vidas en Positivo by Ana Asensio

El papel utilizado para la impresión de este libro ha sido fabricado a partir de madera
procedente de bosques y plantaciones gestionadas con los más altos estándares ambientales,
garantizando una explotación de los recursos sostenible con el medio ambiente y beneficiosa para las personas.

Penguin
Random House
Grupo Editorial

Vidas en positivo

Primera edición en España: septiembre, 2020
Primera edición en México: febrero, 2022

D. R. © 2020, Ana Asensio

D. R. © 2020, Penguin Random House Grupo Editorial, S. A. U.
Travessera de Gràcia, 47-49, 08021, Barcelona

D. R. © 2022, derechos de edición mundiales en lengua castellana:
Penguin Random House Grupo Editorial, S. A. de C. V.
Blvd. Miguel de Cervantes Saavedra núm. 301, 1er piso,
colonia Granada, alcaldía Miguel Hidalgo, C. P. 11520,
Ciudad de México

penguinlibros.com

Diseño de portada: Penguin Random House Grupo Editorial
Imagen de portada: cedida por la autora

ISBN: 978-607-380-268-0

Impreso en México – *Printed in Mexico*

ANA ASENSIO

¡TU PSICÓLOGA DE CABECERA!

VIDAS EN POSITIVO

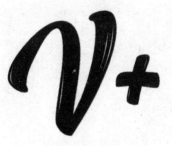

Dedicado a mi familia

«Invierte en aquello que un naufragio no te pueda arrebatar», dijo alguien alguna vez.

Personalmente, me encanta esta frase, me hace conectar conmigo misma, invertir en mí, cultivarme, desarrollarme; reconecto con las experiencias de vida que llevo conmigo, porque son parte de mí.

Te propongo que comiences este libro pensando en invertir en ti, en lo que llevas dentro, en lo que nunca te podrán arrebatar y siempre quedará en ti; tu experiencia, tu vivencia, tu aprendizaje. Invierte de una manera inteligente, amorosa y amable contigo.

Como me gusta decir: te invito a venir conmigo a vivir la vida en positivo.

Un abrazo enorme,

ANA
Tu psicóloga de cabecera

Índice de contenidos

Prólogo

Este libro, que espero que sea una aventura, comienza ahora. Si lo estás leyendo no es por casualidad. Algo te ha traído hasta aquí, y estoy convencida de que va a resultar una experiencia transformadora y única.

Comparto con gran ilusión una parte de mí y, mientras escribo estas palabras, te imagino, querido lector, compañero de ruta, entablando un diálogo interior amable, ameno y de aprendizaje conmigo, pero sobre todo contigo.

Me siento honrada y agradecida por esta oportunidad, por el reconocimiento, por el cariño que recibo. Estoy emocionada de poder acercarme a ti como psicóloga y como profesional. La intención de este libro nace del entusiasmo de poder hacerte la vida más ligera, más fácil, más amable y más feliz.

Me encantaría ser tu psicóloga de cabecera o de bolsillo, que me sientas cerca y que pueda ayudarte siempre. Este es mi propósito de vida: invitarte a vivir la vida en positivo, más amable y dichosa.

En más de veinte años de profesión, me he encontrado

con personas que han venido a verme en el último momento, cuando ya no podían más; otras que se avergonzaban por acudir a un psicólogo; algunas hacían juicios sobre sí mismos: «no estaré bien de la cabeza, me pasará algo grave, qué dirán los demás si se enteran que voy al psicólogo», y muchas no se identificaban con la idea de contar algo íntimo a una perfecta desconocida. Pero después me ha alegrado saber que les daba tranquilidad charlar conmigo y sentirse personas normales a las que simplemente les suceden cosas para las que, a veces, es necesario recurrir a la ayuda profesional. ¡Bendita ayuda!

Hay momentos en los que necesitas que te orienten, te acompañen y te ayuden a pasar el mal trago, una fase que no terminas de comprender, que te genera malestar o sufrimiento. En otros puedes buscar ayuda puntual de orientación en familia, por una crisis personal, una separación, un duelo o una depresión. Puede ser una de las mejores decisiones que hayas tomado en tu vida.

A todas las personas con las que me he encontrado les tengo un tremendo cariño por esta relación que hemos entablado. Es profesional, por supuesto, pero desde una parte humana muy personal.

Con este libro me gustaría poder aliviarte. Está pensado para que lo puedas leer y releer las veces que necesites. Probablemente haya capítulos que resalten más que otros para cada momento de tu vida...

También me gustaría que este libro sirviera para quitar el estigma que pesa sobre el que acude a un psicólogo. Quiero acercar esta figura a tu vida, para que lo puedas tener en la mesita de noche, en el bolso, en el despacho, en la tumbona de la piscina o en el baño. Es un libro para leer de principio a fin, pero también puedes escoger el capítulo que más te llame la atención, incluso abrirlo al azar. Lo que pretendo es que te lleves un trozo de mi experiencia, de mis estudios, de mis reflexiones, y que te ayude a sentirte mejor y a hacerte la vida más alegre.

No tengo claro que esta categoría sea la más adecuada, pero seguramente lo encontrarás en la sección de «autoayuda», «crecimiento personal» o «psicología». Quiero insistir en que es un libro de cabecera, relajado, escrito en tono amable, que busca echar una mano para abordar aquello que tu cabeza y tu corazón anden rumiando en este momento. Un libro para que veas lo normal que es acudir a un profesional de la psicología cuando algo no va bien. Siempre desde una perspectiva muy bella, que es la actitud, nuestra actitud frente a la vida.

La finalidad es que aprendas a observar de una manera fácil lo que ocurre en nuestra mente, porque tiene una explicación científica. A todos nos suceden cosas parecidas, preocupaciones, exigencias, relaciones, emociones, autoestima; todos hemos necesitado ayuda para pasar al siguiente nivel. Estoy aquí para recordarte que esto es muy sano: pedir ayuda es sanísimo, es un símbolo de valentía y fortaleza, de amor propio, de madurez. Y contar con los demás es un regalo de la vida, poder tener a un psicólogo o un libro cerca, una figura que te apoye sin juzgar, es un lujo.

He querido reflejar (sin excederme) algo de la vertiente científica de la psicología y un poco de mi parte personal. Siempre digo que un psicólogo es antes persona, y para acompañar a otro es necesario aprender de los libros, estudiar, amar al ser humano, pero también vivir, comprender, caerse, hacerse un rasguño, curarse, levantarse, aprender y seguir. Es la vida, es el camino lleno de cosas maravillosas por descubrir.

Deseo de todo corazón que lo disfrutes y que sea el primero de una colección de libros sobre vidas en positivo que nos ayude a tener una existencia más plena.

Soy la creadora del proyecto Vidas en Positivo (y del movimiento Gente que suma y de la filosofía de Inteligencia de Vida) que nace con el firme propósito de normalizar los tropiezos que encontramos en la vida, de comprender los aspectos emocionales, psicológicos y conductuales de las personas como algo natural. Podemos ser muy felices interiormente sin tener que sentirnos temerosos o incómodos por ello. Es un regalo descubrir que con nuestra actitud puede cambiar nuestra experiencia. Nos puede llevar a disfrutar, a comprender, a aceptar, a descansar, a intuir, a esperar o a brillar. Por eso es fundamental hacerse preguntas: son más importantes incluso que las respuestas. Es básico aprender a hacerse las preguntas adecuadas, las que nos abrirán las puertas hacia un camino mucho más íntegro y alegre.

En este proyecto incluyo una parte práctica, que yo llamo «trucos de vida». Son estrategias en el cambio de pensamiento basadas en la neurociencia. Te proporciono ejercicios para mostrarte otra forma de mirar el mundo, para aligerar la «carga» mental y emocional que te suponen algunas vivencias, y te ofrezco la oportunidad de coger las riendas de tu vida. Te recuerdo que ¡tú puedes, claro que sí! Si algo depende exclusivamente de ti, es tu actitud frente a la vida. Si quieres, aprendes y te entrenas, puedes ser feliz de verdad, en coherencia contigo mismo. Puedes encontrar esa felicidad que no nace de un estado momentáneo o de algo externo, sino de la conexión con tu interior, con tu lugar en el mundo. ¡Es posible!

En estas páginas encontrarás un recorrido por los pilares de la vida en positivo, del método de inteligencia de vida, donde abordamos la importancia de atender y cuidar nuestra salud física, emocional, mental y espiritual. Quiero abrirte las puertas a la calma, a la comprensión, al apoyo; invitarte a la reflexión; mostrarte curiosidades del funcionamiento de nuestro cerebro, y ofrecerte ejercicios que puedes poner en práctica. Para eso hablaré de actitud, inteligencia de vida, pensamiento positivo, valores, cuidado personal, la felicidad, emociones y neurociencia.

La selección de capítulos la hemos realizado los editores y yo, poniéndonos en tu lugar para que puedas empezar a llevar una vida en positivo desde hoy mismo, para ayudarte a comprenderte mejor y dejarte un poso de bienestar, de calma y de esperanza tras la lectura.

Hemos querido que fuera un libro para todos, que lo pueda leer alguien que está en la etapa universitaria, unos padres jóvenes, una persona muy independiente o unos señores como mis padres; en definitiva, personas de cualquier condición, cultura o circunstancia. Queremos que refleje a todo el mundo, que penetre en cada uno. Para eso pensamos que tenía que ser fácil de leer, amigable, pero profesional.

En cada capítulo encontrarás subapartados que hacen más ligera la lectura, algunos casos reales, historias autobiográficas y ejercicios prácticos que puedes implementar en tu vida.

Así que, sin más dilación, ¡vamos allá!

Capítulo 1

LAS EMOCIONES

¿QUÉ SON LAS EMOCIONES?

¿Qué es una emoción? ¿Qué es eso que sentimos y que no comprendemos en ocasiones, en otras nos asusta y en otras nos hace la persona más feliz del mundo? ¿Qué es eso que a algunos les fascina y a otros les parece una locura?

¡Vive tus Emociones! Las emociones forman parte de nuestra vida y son, entre otras cosas, mensajeras para nosotros. Si no vivimos las emociones es como si dejáramos de escuchar una parte vital de nosotros mismos.

¿Te has planteado qué pasaría si no hiciéramos caso al sentir ganas de ir al baño, si no detectásemos esa necesidad fisiológica?

En este caso, como lo identificamos con facilidad, nuestra inteligencia, que usamos para tomar decisiones, nos dice que debemos ir al baño. Es un ejemplo de un ciclo vital completado: la inteligencia se pone al servicio de nuestro ser.

¿Sucede lo mismo con las emociones? ¿Crees que la cabeza se pone al servicio de nuestro ser cuando hay emociones en juego? ¿Qué piensas que ocurriría si no escucháramos a nuestras emociones?

A nivel emocional, hemos evolucionado mucho, pero te propongo el sencillo ejercicio de anotar todas las emociones que verbalices durante un día o que oigas en los demás, y luego te detengas a observar la variedad, la cantidad, etc.

Lo que quiero destacar con esto es que no es muy común hablar en términos emocionales. Además, el vocabulario que tenemos para hacerlo aún es limitado, por lo que una educación emocional temprana es muy útil de cara a la vida adulta. Para gestionar las emociones es importante aprender a reconocerlas, nombrarlas, aceptarlas, acogerlas y dejarlas ir.

Por ejemplo, la tristeza actúa como renovador, como depurador, si la gestionamos correctamente cada vez que la sentimos, llorando, estando más callados, más serios o tristes; si no nos asustamos ni sentimos vergüenza de tener menos energía o de estar menos elocuentes, esto hará que puedas depurar tu casa interior, tu acumulación de pequeñas sensaciones y otras vivencias emocionales, y renovar tu cuerpo.

Pero si nos instalamos en la tristeza por nuestra forma de pensar, si confundimos la apatía, los pensamientos negativos y nuestra percepción de la realidad con la tristeza, y la llegamos a sentir, formará parte de una manera de estar y de ver el mundo. Será una actitud y podría derivar en una patología o enfermedad.

El desarrollo emocional de una persona depende principalmente de factores educativos y culturales. Hay familias en las que la conexión con la rabia es algo normal, pueden expresar su ira, su enfado, sus límites con naturalidad; en otras, las expresiones más comunes pueden ser la tristeza, la melancolía, la nostalgia, y otras es posible que convivan con el miedo.

Pero no solo depende de las familias, sino también de las culturas.

¿QUÉ ME PASA?

A veces sucede que el cuerpo nota sensaciones o formas de expresión internas que nos están hablando para que lo escuchemos. Si tienes sueño, pero día tras día, durante semanas, no duermes, ¿qué crees que te ocurrirá? Esto lo tenemos muy claro, porque la consecuencia de las necesidades fisiológicas no atendidas es muy gráfica, sabemos mucho de ellas.

En ocasiones, sentir cosas a las que no sabemos poner nombre, cosas que nos cierran la garganta o nos ponen al borde de las lágrimas, nos asusta. Socialmente no es habitual ver a alguien llorar; en el momento en que alguien llora cerca de nosotros pensamos que ha ocurrido algo muy grave y a veces nos alarmamos más nosotros que la propia persona, que a lo mejor lo único que necesita es llorar un rato. Yo suelo decir que solo necesita limpiar su casa interior. Esto es como las ganas de ir al baño: se puede posponer un rato, pero no mucho. Las emociones vienen cuando vienen, de ahí que sea importante aprender a gestionarlas y a vivir con ellas de una manera saludable.

Por mucho que queramos,
no podemos agendar las emociones.

Yo muchas veces me veo como un manual de instrucciones diciendo a la gente de mi alrededor: «No te asustes, solo necesito llorar un poquito». Incluso me he visto pidiendo permiso para quejarme. Pero personalmente me ha venido muy bien para que mi crítico interno no me atacara con las normas sociales de lo que se debe y lo que no se debe hacer; para que no me flagelara porque soy psicóloga y no debería mostrar mis sentimientos.

La realidad es que si mantenemos las emociones al día y actualizadas, entonces saldrán de una manera normal y no en explosión, que es lo que realmente es desadaptado y provoca susto social. También recomiendo, cuando sea necesario, que uno posponga la emoción o respire, si siente necesidad de sacarla. Después puede buscar conscientemente un momento para recrear una historia o un drama para conectar y liberar.

Pero ¿qué crees que pasa si no escuchamos a nuestro cuerpo, a nuestras emociones? ¿Qué ocurre si no las procesamos, no las digerimos? Nos hace daño, repercute en el cuerpo y sucede lo que los profesionales llamamos «somatización».

Una de las expresiones de esta somatización es la famosa ansiedad, pero también pueden ser malestares estomacales, contracturas, dolores de espalda, dificultad para conciliar el sueño, estrés, cambio de carácter, y en algunos casos que se han descrito en la psicología clínica se puede conformar un tipo de patrón que acabe derivando en diabetes o enfermedades coronarias.

Por lo tanto, es muy saludable aprender a gestionar las emociones. Es sano y muy importante, porque aquel que maneja muy bien sus emociones, además de ganar en seguridad, confianza y autoestima, es candidato a tener mucho éxito en la vida.

- Las emociones son la respuesta de nuestro cuerpo, a través de nuestro cerebro emocional, a algo que sucede en el exterior o en nuestro interior.
- Las emociones serían depuradores, catalizadores entre lo que sucede dentro y lo que sucede fuera.
- Las emociones asociadas al pensamiento es lo que nos ayuda a poder tomar decisiones.
- Las emociones son movilizadoras, nos mueven a la acción.

¡LAS EMOCIONES ME PARECEN UN POCO LOCUELAS!

Encontramos muchas definiciones para las emociones: «un sentimiento subjetivo», «una actividad psicofisiológica», «una afección personal», etc.

Es cierto que el estado emocional define mucho la manera en la que percibimos nuestra realidad. En ocasiones, por sentirnos alegres vemos las cosas de manera optimista. En otras, por sentirnos tristes nos encontramos más pesimistas; incluso cuando estamos a disgusto vemos todo al revés y nos vemos quejándonos y haciendo críticas no constructivas de todo.

Es importante que sepamos que las emociones son volátiles. Yo a veces las percibo como si fuesen el chorro, el *puf* del ambientador que suelta algo químico que nos lleva a esa emoción. Estará asociado a algo externo o a algo interno, y esa fragancia durará más o menos en función de la intensidad del olor, de la cantidad de líquido expulsado. En cualquier caso, la gran pregunta es qué son las emociones, cómo reconocerlas y cómo se pueden manejar.

Pero pasemos antes a ver cómo podemos enseñarlas. Para enseñar emociones a los niños existe mucho material: desde cuentos brillantes hasta tarjetas, juegos, técnicas, grupos de habilidades sociales y emocionales, libros, etc. Hay un truco muy útil y es que todas las emociones suelen tener un matiz muy fenomenológico, es decir, que se ven desde fuera: se puede observar la actitud corporal de una persona, el tono de voz, los mensajes que emite, el ritmo que lleva su cuerpo, la interpretación que hace de las cosas, las expresiones faciales y mucho más. Sirve para darnos cuenta al menos de las emociones básicas que están teniendo lugar en ese momento. Aunque se puede adquirir educación emocional sobre el papel, en teoría, donde ocurre el verdadero aprendizaje es en el «campo de juego», es decir, en la vida cotidiana.

Las emociones tienen la cualidad de hacernos sentir vivos; además, como seres humanos tenemos la suerte de poder dar nombre a dichas emociones y formar sentimientos o hablar de ello.

Aunque generalmente no las expresamos, cada día avanzamos un poquito más en la liberación de las emociones. Desde el punto de vista social, no estamos acostumbrados a que alguien en la calle, cuando le preguntamos qué tal todo, diga algo más allá de «mal» o «bien». O sea, uno no suele decir que se siente abatido o nostálgico, eufórico, enamorado, orgulloso, culpable o melancólico; no forma parte de nuestra educación. Pero en entornos cercanos —colegio, casa, amigos— sí que podemos comenzar a hacerlo.

Vamos a poner un ejemplo que nos conecte con nuestra

educación emocional. Intenta nombrar diez sentimientos. ¿Te resulta fácil? ¿Encuentras más? ¿Los usas habitualmente? ¿Los dices en casa o en tu entorno cercano? Otro ejercicio que podemos hacer es pensar el nombre de todas las emociones que conocemos y ver cuánto las sentimos, cuándo y dónde. Podemos decidir aprender más, o aprender a usar las que afloran más frecuentemente, o enseñárselas a nuestros hijos para que aprendan a ponerles nombre y a reconocerlas.

Es importante saber y conocer la realidad de nuestros hijos de manera que podamos observar y apoyar las emociones que pueden comprender y sentir. Así, mientras nosotros aprendamos, crearemos también una nueva generación para la que hablar de las emociones y abrazarlas con naturalidad no será algo extraño.

Por ejemplo, un niño pequeño no comprende el concepto «compartir»; en el proceso madurativo aparece más tarde de los dos años. Esto nos indica que, aunque vayamos integrando el aprendizaje, debemos entender que su cerebro todavía no puede comprender lo que es compartir y a veces la conducta se puede alterar. Recomendamos que se le diga con cariño que está aprendiendo a compartir y que poco a poco lo entenderá.

Otras cosas que es importante tener en cuenta para educar a nuestros hijos:

- Hay que intentar conseguir que se den cuenta de lo que notan física y emocionalmente (desde las ganas de ir al baño hasta una opresión en la oreja, calor en la cabeza, dolor de tripa o de pecho, picor...).
- Los apoyaremos para que intenten dar nombre a ese conjunto de sensaciones que forman un sentimiento y

que lo puedan sentir. Tendremos en cuenta que las emociones van y vienen.

- Usaremos la cabeza y les preguntaremos —teniendo en cuenta la edad— qué es lo que pueden hacer con esa emoción o qué quieren hacer.
- Sobre todo, estaremos presentes ofreciendo nuestro apoyo y dotando de normalidad al proceso emocional.

Hay culturas que conectan, ya sea por el clima o por el lugar geográfico, con la alegría, la expansión, la sociabilidad; son gente que vive más «hacia fuera». Sin embargo, otras culturas conectan más con la tristeza, viven más hacia el interior, «hacia la cueva». Todas estas expresiones están bien, siempre y cuando no deformen nuestro estado y seamos conscientes de cómo estamos.

Pues veamos ahora el detalle. A nivel emocional es como si tuviésemos tres cerebros:

Todos están estrechamente relacionados y necesitamos que sea así para funcionar adecuadamente.

El cerebro primitivo o reptiliano, que además se conserva como tal desde nuestros antepasados, es el que regula los mecanismos de supervivencia, sueño, hambre, miedo, alerta. En nuestro día a día y en nuestra sociedad, este cerebro se activa cuando percibe un peligro, está estrechamente ligado al olfato y está conectado con las emociones.

El segundo cerebro sería el emocional, que está entre el primitivo y el racional. Contiene sensaciones y emociones básicas —ira, alegría, tristeza, miedo— para las que no interviene el pensamiento si la cadena se inicia en el primitivo, sino que surgen de una sensación o de un estímulo externo.

Por último está el cerebro racional, el más elaborado, el que piensa, el que decide; es la máquina, nuestro ordenador. Este cerebro procesa lo que sentimos, pone nombre a los sentimientos, analiza los peligros y toma decisiones, reflexiona, opera, tiene memoria, etc. Pero este cerebro pensante a veces piensa demasiado e invierte la cadena; genera emociones a partir de estímulos internos, creencias, pensamientos, cavilaciones, sueños, obsesiones y muchas veces desequilibra nuestro interior.

El mundo de las emociones y los sentimientos es un campo en el que se sigue investigando, estamos en plena formación. Genera mucho interés actualmente, sobre todo cuando estamos en contacto con niños y adolescentes o cuando estamos educando.

Educar en emociones es una preciosa tarea que requiere de atención, madurez, formación, autoconocimiento y amor.

Existen muchos manuales y teorías acerca de las emociones y los sentimientos, y en algunas ocasiones las definiciones que leemos son diversas, por lo que intentaré explicar a nivel general qué sucede en nuestro cuerpo y qué es lo que sentimos.

Las personas tienen una cadena emocional que se compone de sensaciones, emociones, sentimientos y pensamientos. Paso a hacer una breve definición:

Las sensaciones

Son los estados fisiológicos internos que vivimos y detectamos en la mayoría de las ocasiones, como son: el hambre, la sed, el cansancio, el sueño, el dolor, el picor, etc.

Las emociones

Son las manifestaciones fisiológicas de nuestro cerebro frente a algo que nos sucede interna o externamente. Son transitorias, suelen ser intensas, vienen y se van, y nos movilizan con su energía. La emoción es una alteración del ánimo, de sensación intensa y pasajera que va acompañada de cierta conmoción somática, es decir, que nos moviliza internamente.

Las emociones básicas descritas hasta el momento se dividen en cinco grupos: tristeza, alegría, ira/rabia, miedo y asco. De ahí se derivan otras emociones secundarias «más complejas», como pueden ser: euforia, sorpresa, remordimiento, vergüenza, aceptación, confusión, serenidad, alivio, envidia, etc.

A veces las emociones se pueden mezclar en nuestro interior y resulta difícil detectar cuál es la que se está moviendo exactamente, sobre todo aquellas en las que la reacción fisiológica es más neutra o imperceptible. Son intensas y no suelen ser agradables. Es necesario atenderlas de manera consciente y observar exactamente qué reacciones fisiológicas nos producen para ayudarnos a «descifrarlas».

Los sentimientos

Surgen de las emociones. Los sentimientos son emociones que se mantienen en el tiempo. Una o varias a la vez pueden formar un sentimiento. En general, cuentan con un componente más psicológico. Tienen algo más de procesamiento cerebral superior y suelen ser interpretaciones de circunstancias asociadas a emociones. Es como si estuvieran entre la emoción y la razón. Sentimientos comunes y que todos hemos sentido alguna vez pueden ser la culpa, la vergüenza, la compasión, el orgullo, la empatía, etc.

Los pensamientos

Son las reflexiones que se nos cruzan por la mente, a veces motivadas por elementos externos, y que a menudo producen emociones. Por ejemplo, la tristeza puede ser una emoción que aparece por un pensamiento consecuencia de algo triste, por una película que vemos y nos evoca tristeza, o incluso puede instalarse durante un día o varios como un sentimiento porque ha sucedido algo que nos pone tristes, como la pérdida de algo importante o una despedida.

El sentimiento nos permite ser conscientes de lo que estamos viviendo, da un nombre a lo que nos pasa. Resulta muy útil conocer los nombres de los sentimientos y tener un vocabulario emocional amplio que nos ayude a explicar y afinar lo que necesitamos decir en cada momento. Del mismo modo, resulta útil conocer sus múltiples combinaciones: por ejemplo, la ansiedad es una mezcla de tristeza y miedo; la melancolía es una mezcla de tristeza y alegría; el miedo nos altera la respiración, produce palpitaciones, sudoración y molestias de estómago, etc.

El sentimiento no es tan intenso como la emoción, tiene un poso más racional y es más duradero. Si finalmente ese sentimiento se mantuviera en el tiempo más allá de lo que lo puede estar produciendo, pasaría a ser un estado de ánimo. Por ejemplo, una emoción de alegría puede dar lugar a un sentimiento de alegría, podemos sentirnos felices y si permanece en el tiempo más allá de aquello que lo produjo, generará en nosotros una forma de estar en el mundo alegre y feliz. Se producirá entonces un estado de ánimo más estable y con un poso más allá de la causa.

Las emociones y los sentimientos son parte de nuestro día a día. En primer lugar, es importante no negar, sino aceptar lo que sentimos, dejarlo entrar, aunque nos asuste. Cada día, cada persona, cada pensamiento, cada vivencia está generando en nosotros química interior, y aprender a convivir con ello, detectarlo, abordarlo y saber manejarlo es causa de éxito y, además, de felicidad.

En el caso de los adultos es interesante ampliar el vocabulario emocional —muchas veces se dice «estoy bien», «mal», «fatal», «hecho polvo» o «genial»— para nombrar muchísimas cosas diferentes. Además, si conociésemos la palabra, no nos haría falta estar todo el rato analizando las sensaciones o emociones que se presentan; es como si dejáramos siempre el ordenador reiniciando: además de perder energía, no sirve de mucho.

Para poder desarrollar un aprendizaje emocional no queda más remedio que lanzarse a vivir la vida, tirarse a la piscina. Nuestro día a día, las relaciones que entablamos y mantenemos, el trabajo, las actividades y experiencias van a hacer que podamos aprender de todo lo que sentimos. Porque si decidimos protegernos frente a ello, si nos proponemos huir de las emociones, porque creemos que eso nos hará más felices, cometeremos un error. Lo que nos hará más felices es conocerlas, regularlas, comprenderlas, aprender a depurarlas, gestionarlas y convertirnos en unos expertos de nuestras emociones.

Imagina por un momento que quieres entrenar para correr una maratón y que tu acción diaria es quedarte en casa en el sofá o leer o ver la tele. ¿Crees que así te acercarás al objetivo? Con las emociones sucede lo mismo: sin práctica, sin experiencia, sin ensayo, no se aprende.

Es importante partir de las emociones más primarias y posiblemente las primeras en identificar, que no por ello son las más fáciles. Nosotros conocemos nuestros sentimientos y los verbalizamos cuando estamos alegres, tristes o con miedo, y además les podemos encontrar algunas señales fisiológicas que sentimos cuando estamos cansados, aburridos, enfadados, decepcionados...

Para aprender a gestionar las emociones es necesario tener experiencias de vida, y resulta muy útil realizar ejercicios que te ayuden a indagar y a comprender el mundo emocional. Además, añade intensidad a la emoción que sentimos. Un ejemplo es el libro *El monstruo de colores*, de Anna Llenas, que nos habla de las emociones básicas y nos ayuda a ordenarlas con los más pequeños de una manera muy visual. Otro sería *Laberinto del alma*, de la misma autora, donde se explican, mediante ejemplos, muchos sentimientos, situaciones y expresiones con los que un adolescente se puede sentir muy identificado.

Las emociones y sentimientos están presentes en nuestro día a día y resulta un regalo de vida aprender a reconocerlos, vivirlos y manejarlos con habilidad.

Las emociones muchas veces desconciertan, son manifestaciones que vemos que no podemos controlar, que queremos eliminar y, por más que lo intentamos, no desaparecen. Como todo, tienen un truco para su gestión, y para esto es importante autoconocerse, saber de dónde partimos, reconocer las sensaciones que tenemos, ponerle nombre a la emoción y saber qué queremos hacer con ella. Eso, como veremos, se hace a través de la gestión emocional.

Existe un comportamiento muy común de asustarse frente a determinadas emociones porque no sabemos racionalizarlas, ponerles nombre, gestionarlas o saber qué hacer con ellas. Si están vinculadas a relaciones de algún tipo, se convierte en una tarea que creemos imposible, pero créeme que no lo es, lo puedes aprender y, cuando lo hayas logrado, sentirás muchísimo control y seguridad en ti.

Para empezar, diré que es importante una buena educación emocional, y si de pequeños no la hemos tenido, no pasa nada, tomamos conciencia de ello, vemos nuestra realidad y decidimos si queremos ser expertos en nuestras emociones.

Los beneficios de volverte un experto emocionalmente son incalculables. Está muy ligado al éxito social y al éxito en la vida ser una persona hábil emocionalmente, con inteligencia emocional, que está directamente relacionado con la inteligencia social.

HABLANDO DE EMOCIONES, ¿CUÁL ES SU FUNCIÓN?

Emociones primarias: ¿qué es eso y para qué sirve? Son las emociones que se conocen desde que nacemos. Sirven para sobrevivir, para adaptarnos al entorno, para comprenderlo, para hacernos entender y elaborar las emociones secundarias o más complejas conforme se desarrolla nuestro cerebro.

Las emociones —la alegría, la ira, la tristeza, el miedo y el asco— son las protagonistas de una película muy recomendable para peques y mayores: *Inside Out* (*Del revés*). Las emociones no son ni buenas ni malas, son solo eso, emociones. Puedes observar estos días las tuyas, ver si las detectas todas, y/o en qué situaciones las vives, y qué haces con ellas. Puede ser una interesante práctica de observación. Ahora vamos a verlas una a una.

La alegría: disfrute, expansión

La alegría es una emoción muy cómoda de vivir porque nos hace sentir muy bien, es expansiva e interviene en el mecanismo cerebral generando endorfinas, aumentando nuestra sensación de placer. Nos produce sentimientos que asociamos a la felicidad, el bienestar, el agrado, la satisfacción y el disfrute. Pero la alegría, en realidad, es una emoción más, aunque también puede elegirse como actitud consciente y serena, sin negar las otras emociones.

En este caso hablamos de la alegría como emoción; la alegría de los momentos que nos producen ese estado de vitalidad y que existe en nosotros con mayor fuerza precisamente porque también experimentamos a su complementaria, la tristeza, de la que hablaremos más adelante. Vivamos la alegría plenamente, disfrutemos de ella en nuestras vidas sabiendo que vendrá, se irá y volverá. Comprender esto y vivirlo forma parte de una actitud positiva y saludable en nuestra vida.

La sorpresa

Aunque a menudo se confunda con la alegría, la tristeza o el asco, lo cierto es que la sorpresa es algo distinto. En cierto sentido, nos prepara para lo que va a suceder, pone el cuerpo y la mente en alerta, sin por ello rechazarlo ni abrazarlo. Así, es habitual que esa sorpresa inicial a menudo se transforme en otra emoción, o que se combine con ella.

Por supuesto, que algo nos sorprenda no significa que nos dé miedo; simplemente significa que era inesperado. Por ello, mientras el miedo tiene una duración muy variable, la sorpresa suele permanecer unos pocos segundos. Es la emoción más efímera, pero no la menos importante. ¡Déjate sorprender!

La ira, la rabia: movilizador

La ira, que tan mala prensa tiene actualmente, en realidad no es violencia ni agresión. La ira, si la escuchamos, es un movilizador de cambio, es un activador de la agresividad que quiere decir: «ir hacia algo para cambiar algo». Como en todas las emociones —y en la ira quizá un poco más—, es importante el uso de la cabeza para guiarnos hasta aquello que deseamos. Si desatamos nuestra ira sin atención ni «control», aparecerá una manifestación de ella que en muchas ocasiones no será la consecuencia que deseamos. Si la dejamos en nuestro interior, por miedo a agredir, se nos quedará ahí, esa energía estará en nuestro cuerpo y tendrá que hacer un esfuerzo por depurarla. La ira es una emoción muy visceral, no tiene que darnos miedo, pero es importante que atendamos de qué modo y dónde queremos manifestarla o focalizarla. La ira es capaz de cambiar muchas cosas y convertirse finalmente en amor. Posiblemente ese sea su propósito y destino. La ira necesita madurez, es pura energía, es un caballo purasangre. Te deseo una ira fructífera, con compasión, amor y comprensión.

La tristeza: reconexión y depuración

Es necesario sentir la tristeza, acogerla, depurarla y llorarla. ¡Claro que sí!

Llorar es un acto fisiológico que nos produce muchas sustancias relajantes, nos libera, nos ayuda a depurar esas emociones, esas situaciones, esas circunstancias que necesitamos digerir. Es clave llevar la tristeza actualizada; es decir, conectar con ella con la misma frecuencia con la que conectamos con otras emociones. Si no podemos, nos apoyamos en algún recuerdo, una película, algo que nos ayude a ir hacia dentro, porque esta actitud es inteligente, nos sirve para vivir una vida en positivo y feliz. «Se trata de ir al drama conscientemente para ayudarnos a sentir y poder limpiar.»

El invierno es una época para aprovechar y conectar con uno mismo «hacia dentro», ir a la cueva, estar más callado, algunos días menos vital y más serio. No pasa nada, déjalo sentir, deja que la tristeza habite en tu casa, necesita venir y ayudarte a limpiar los restos de cosillas que se quedan por ahí, y la manera más eficaz es llorando.

Precisamente, es de las emociones que más cuesta sentir, por eso le hago especial caso y me gusta defenderla, porque es muy saludable para nosotros.

Estar triste no es estar enfermo, no es algo patológico. Es solo eso: estar triste. Ya se pasará en cuanto lo depures. Hagámosle un homenaje a la tristeza, lloremos con consciencia y amor, limpiemos nuestra casa interior. A menudo se confunde tristeza con depresión, o se asocia a estar malito. No queremos sentirla, tratamos de ignorarla y estar todo el día supervitales, viviendo deprisa con la exigencia de estar siempre *on*, de aquí para allá. Es como si sintiéramos que la tristeza es sufrimiento, como si creyéramos que nuestros hijos o personas cercanas van a sufrir, van a sentirse mal o van a pensar «algo» si nos ven tristes. Son solo creencias.

Nada más lejos de la realidad. La tristeza —¡la bendita tristeza!— nos ayuda a recapitular, a «coger aire», a parar. Cuando lloramos, o cuando sentimos una pérdida dolorosa, la tristeza nos ayuda a vaciarnos para estar listos y volver a comenzar. Lo que sucede es que no es tan agradable de sentir, no es tan social, es más solitaria e introvertida. Cuando estamos en un proceso de tristeza nuestra energía vital interna disminuye, por eso nos sentimos faltos de energía o vitalidad.

Sentir la tristeza es saludable para abordar los duelos diarios que vivimos, comenzando por adquirir el concepto de temporalidad de nuestras vidas, integrando que cada día que vivimos no volverá, la edad que tienen nuestros hijos ahora no volverá, el momento que vivo mientras escribo esto tampoco. Por lo tanto, la tristeza me conecta con la vida, es recapitular para volver a vivir y estar en sintonía con lo esencial, con lo que verdaderamente nos importa y nos llena el corazón. La tristeza vendrá y se irá si la vivimos como tal. Si cumple su misión y su propósito, completará su ciclo cada vez que sea necesario y dejará paso a otro.

¡Gracias, tristeza!

El miedo: avisador

¿Quién dijo miedo? La verdad es que el miedo es un avisador, nos ayuda a saber que una situación puede suponer un peligro para nosotros. El miedo produce mucha activación fisiológica, aumenta la presión sanguínea, dispara la adrenalina, aumenta la frecuencia cardíaca, y nos pone en un estado bioquímico y mental para afrontar lo que puede suceder. Se nos activa el mecanismo de supervivencia primitivo muy desarrollado de nuestros antepasados cazadores. Actualmente, además de no tener circunstancias de supervivencia tan necesitadas de nuestro «mecanismo de alerta», hemos desarrollado un miedo «más evolucionado», que es el «miedo a tener miedo».

La emoción del miedo, tan saludable para avisarnos de que podemos estar en peligro, en muchas ocasiones se altera y nos mantiene siempre alerta por miedos psicológicos que tenemos hoy. En la mayoría de las ocasiones son fantasías de nuestra «mente errante» y a su vez nos genera aún más miedo. Esto nos lleva a un círculo vicioso: «Me da miedo que suceda X por el miedo que tengo a vivir una situación horrible que he pensado; entonces me angustio, bloqueo lo que siento y se convierte en otro miedo mayor que me paraliza». En nuestra educación se ha asociado ser valiente con no tener miedo, y nada más lejos de la verdad. La gente valiente, que arriesga, que se lanza al vacío, que lucha, que vive, siente miedo, por supuesto, pero reconoce el miedo, sabe que solo es eso, sabe aceptar la fisiología que trae y sabe dejar ir los pensamientos que atormentan, y pasa a la acción, cruza el umbral, vence la situación.

El miedo es sano, es indicador de salud.
Lo que no es saludable es el miedo al miedo.

Hay que educar y educarnos para entender el miedo, para reconocerlo, sin negarlo, para aceptarlo como parte de la vida. La experiencia dice que si una emoción se niega, es muy probable que de adulto aparezca y nos asuste todavía más. No tengamos «miedo al miedo»: dejemos que el miedo pase por nuestras vidas, que nos ayude, que nos indique y nos enseñe.

El asco: decir «no»

El asco, una emoción tan visceral que todos en algún momento hemos sentido con mayor o menor frecuencia, y con mayor o menor intensidad. La función del asco es simplemente poder decir: «Esto no me gusta», «Esto no me sienta bien», «Esto no es para mí». Lo que sucede es que saber decir «no» con sutileza en ocasiones es complicado. Entonces «decir NO», el asco, se convierte en algo más, en rechazo, angustia, agobio, intolerancia, etc. El asco nos viene a decir: «Es que eso no lo queremos ahora».

Yo voy a añadir una emoción más a estas seis básicas con las que nacemos:

La calma

La calma es la sensación de equilibrio dentro del desequilibrio sano de la vida, es una sensación placentera de serenidad y de homeostasis ajustada. Cuando el sistema se desequilibra, por las circunstancias que sean, es importante tener el recurso de poder volver a la calma, que se consigue con respiración, pensamiento y actitud.

Cada emoción tiene su momento y su función;
lo importante es que las reconozcamos, las vivamos
y entonces decidamos conscientemente qué hacer
con lo que vivimos.

(Algunas) Emociones secundarias

En mi experiencia he visto en la consulta a muchas personas y el 99 % tenía la necesidad de aprender a gestionar lo que estaban viviendo, lo que estaban sintiendo. Me he encontrado con personas a las que les costaba distinguir entre lo que vivían, lo que sentían y lo que pensaban. Es más, en ocasiones he visto cómo el pensamiento anulaba a la emoción real, y eso hacía entrar a la persona en un estado de confusión, malestar y crisis. Parte de nuestro camino ha sido desenredar la madeja, ver lo que es pensamiento, lo que es juicio, ayudar a que el pensamiento vaya a nuestro favor, ver la emoción de frente y gestionarla de una manera adecuada.

Por ejemplo, recuerdo que R venía muy enfadada con su hija, que, en su opinión, estaba equivocada en todo, eso era lo que verbalizaba. Era la hija la que debería haber venido a verme, pero se oponía. Ya tenía veintiséis años y tomaba sus propias decisiones. R había decidido venir a verme para ver de qué manera podría ayudar a su hija, entender lo que sucedía, o por lo menos intentar cambiar su conducta.

Recuerdo que las sesiones de cincuenta minutos se le quedaban cortas de la cantidad de lenguaje que traía; todo pensamiento, todo ideas, todo intelecto que no juzgaba, dejaba que siguiera su proceso. Llegar a la emoción, conectar con ella le llevaba un tiempo, y fuimos aprendiendo que ese era su mecanismo. Fue todo un avance que conectara consigo misma y con sus emociones, aunque le llevara más de una hora de reloj: no importaba, la recompensa era muy saludable.

Comenzamos a trabajar las emociones, había mucho dentro de ella: un duelo sin resolver, una sensación de no poder más con las cosas que le habían sucedido en la vida, enfermedades de familiares, un marido al que describía como ausente, una hija con la que mantenía constantes enfrentamientos, un hermano del que tenía que hacerse cargo. Ese era su rol: dirigir, hacer, gestionar, solucionar, todo a su manera. Luego se sentía sola, que nadie la quería ni la arropaba. Se podría decir que R iba desde la más absoluta fortaleza, donde «podía con todo», hasta una fragilidad que la hacía entrar en crisis, caer en una tristeza profunda. Como no sabía leer esta emoción con su patrón de actuación, su mente pensante le decía que el mundo era un lugar egoísta.

Después de algún tiempo de trabajo con R en el que su implicación fue absoluta, conseguimos depurar su duelo, logró conectar con su emoción, amplió la mirada y tomó consciencia de su hacer, de su rol. Así podía elegir si lo desempeñaba o no, si lo hacía tan solo en algunas ocasiones.

Consiguió comprender el papel que tenía ella ante la hija con la que se peleaba y pudo atenderla desde la madurez de ser adulta y madre. Comenzó a ordenar su vida y a verlo todo con mucha más claridad.

¿R es feliz? Yo creo que sí, pero es una persona muy comprometida con la vida, intensa en sus vivencias, de cabeza potente y energía elevada. Esta es R y mientras ella se acepte y sepa gestionarlo, claro que es feliz.

EJERCICIOS PRÁCTICOS

Siente

Para, observa cómo te sientes, respira diez veces y vuelve a observar cómo te sientes. Repítelo otra vez. No busques nada, no quieras cambiar nada, deja fuera a tu cabeza pensante/errante, úsala solo para seguir la pauta del ejercicio. Durante el día de hoy te propongo que bajes al cuerpo y permanezcas atento a tus sentidos; en la ducha, al tacto, la temperatura, el olfato; en la cocina, al roce con los alimentos; en la comida, al gusto; en el campo o la ciudad, al oído, escuchando sonidos, escuchando el corazón de alguien o el tuyo propio. Siente tu cuerpo apoyado en el respaldo, tus manos frías o calientes, siente tu cuerpo con todos tus sentidos. Aprovecha este juego para descansar los sentimientos que te provoca pensar continuamente. Vuelve al AQUÍ y al AHORA con tu respiración y tus sentidos. SIENTE.

Juega

Es un reto importante, conocer todas las emociones. ¿Te sumas al reto? ¿Cuántos sentimientos conoces? ¿Con cuántos sentimientos te identificas? ¿Qué sentimientos están en ti con mayor frecuencia en este momento? ¿Te animas a jugar y a descubrir?

Un cuento para ti: *El vaso*

Un psicólogo, en una sesión grupal, levantó un vaso de agua. Todo el mundo esperaba la típica pregunta: «¿Está medio lleno o medio vacío?». Sin embargo, preguntó: «¿Cuánto pesa este vaso?». Las respuestas variaron entre 200 y 250 gramos.

El psicólogo respondió: «El peso absoluto no es importante. Depende de cuánto tiempo lo sostengo. Si lo sostengo un minuto, no es problema. Si lo sostengo una hora, me dolerá el brazo. Si lo sostengo un día, mi brazo se entumecerá y paralizará. El peso del vaso no cambia, es siempre el mismo. Pero cuanto más tiempo lo sujeto, más pesado y más difícil de sostener se vuelve».

Después continuó: «Las preocupaciones, los pensamientos negativos, los rencores, el resentimiento son como el vaso de agua. Si piensas en ellos un rato, no pasa nada. Si piensas en ellos todo el día, empiezan a doler. Y si piensas en ellos toda la semana, acabarás sintiéndote paralizado e incapaz de hacer nada».

¡Acuérdate de aligerar la «carga» emocional! ¡Acuérdate de soltar el vaso!

RECUERDA

! Las emociones son funciones de nuestro cuerpo, no son ni buenas ni malas, son emociones que necesitan sentirse y depurarse.

! La cadena natural del ser humano es sensación-emoción-sentimiento-pensamiento-acción.

! Las emociones se generan en el cerebro primitivo y en el cerebro emocional, lo que hace que no se procesen con la cabeza y se sientan directamente. Es importante saber esto para utilizar la cabeza en pensar qué queremos hacer con lo que sentimos.

! Es importante seguir atendiendo al cuerpo con naturalidad y escuchar lo que nos quiere decir.

Capítulo 2

LA AUTOESTIMA

¿QUÉ ES LA AUTOESTIMA?

Es una palabra que oímos a menudo y creemos saber qué es, pensamos que tiene que ver con lo que nos sucede, pero no sabríamos muy bien cómo definirla adecuadamente, ¿verdad? Bienvenido al club de los que nos hacemos amigos de nuestra autoestima.

Podríamos definir la autoestima como el aprecio o consideración que uno tiene de sí mismo. Dicho de otro modo: es el conjunto de percepciones, imágenes, pensamientos, juicios y afectos que tenemos sobre nosotros mismos. Es lo que yo siento sobre mí. Es cómo yo me veo, cómo me siento, cómo me juzgo, lo que pienso de mí, cómo me valoro. Eso es la autoestima.

La autoestima, lejos de lo que a veces hemos creído, no está fuera de nosotros, no es algo que los demás piensan de nosotros, no es cómo nos ve el mundo; la autoestima no nace de fuera hacia dentro, sino que nace de dentro hacia fuera. Esto es una maravillosa noticia, porque nos convierte en dueños de nuestra visión de nosotros mismos, nuestro amor y nuestro valor.

Además, es algo que puede ir transformándose durante la vida si nos hacemos responsables de ello y entendemos que también forma parte de un entrenamiento y de un propósito.

¿Cómo (creemos que) se va formando?

Se dice que la autoestima se construye desde las edades tempranas —es decir, cuando somos pequeños— y muchos psicólogos lo achacan a la imagen que nos dan de lo que somos. Es cierto que los ojos con los que nos miran es importante para el concepto que tenemos de nosotros mismos, pero no es lo único que forma nuestra autoestima. Además, no solo se queda en lo que nos dijeron entonces, porque, si no, estaríamos muy determinados, y también se puede crecer en autoestima.

Sabemos que en la formación de la autoestima existe una mezcla entre un componente temperamental, es decir, las semillas que traemos, una base genética, y un componente educativo, las experiencias, nuestro ambiente. ¿Cuánto influye cada uno? Solemos decir que a partes iguales, pero en realidad es tan variable que habría que ver cada caso individualmente.

Lo que está claro es que existen dos sistemas: primero, lo que llevo en mi genética, que cuando somos pequeños tiene más peso, y segundo, lo que vivo, cómo evoluciono o cómo son mis experiencias de vida, que tienen un mayor peso de adulto. De hecho, se habla actualmente de la epigenética como algo muy importante en cuanto al poder de la actitud y del ambiente o de lo que hacemos, de cara a cambiar nuestra biología molecular y nuestras estructuras físicas, y me parece muy interesante.

La epigenética se define como el estudio de los mecanismos que regulan la expresión de los genes sin una modificación en la secuencia del ADN. Establece la relación entre las influencias genéticas y ambientales que determinan un fenotipo. En un lenguaje más cotidiano, sería la capacidad que tenemos de modificar nuestra genética a través de nuestros hábitos.

La imagen que tenemos de nosotros depende en gran medida de los ojos con que nos miramos.

Cómo interpretamos nuestras experiencias, cómo afrontamos las dificultades, la capacidad de querernos, la educación recibida son algunos de los factores que influyen en el desarrollo de la autoestima. No se trata, pues, de sentirse querido o cuidado. Uno puede sentirse muy cuidado y protegido y tener una baja autoestima. Por eso te vamos a enseñar a desarrollar la tuya.

¿Qué es la autoestima realmente?

La autoestima, o el concepto idealizado que querría tener de mí, o lo que yo sería, va a depender siempre de cómo te ves, de lo que quieres ser desde tu ser profundo, del concepto que tienes de ti y, sobre todo, del valor que te das. Va a depender de tus experiencias, de qué has hecho con ellas, de cómo estás de conectado contigo y con tu propósito o misión en la vida, de cuánto apuestas y trabajas para cuidarte, quererte o valorarte. Es importante para nuestra autoestima sentirnos útiles. Creemos que consiste solamente en querernos y valorarnos, pero en realidad habla de toda la relación que tienes contigo mismo y con el mundo.

La autoestima es un todo en el que confluyen conexión, conducta, relaciones, actitud y amor.

Por eso, este mágico y a la vez desconcertante concepto varía tanto de una persona a otra y no se rige por reglas económicas, físicas ni materiales. Depende del valor que yo me doy, de lo que siento y pienso que valgo, de lo que siento y creo que puedo aportar al mundo, de ese amor interno por uno mismo, pero que no es la vanidad ni el egocentrismo, sino la complicidad con uno, el sentimiento de amor propio, de cariño hacia uno mismo. Es volver a nuestra casa interna y darnos un abrazo tierno como se lo daríamos a alguien que nos genera ternura y amor. Tiene una cierta estabilidad en el tiempo porque no depende tanto de lo que nos sucede como de nuestra actitud, de nuestra conexión con nosotros, y puede mejorar y empeorar según nos comportemos.

Es importante saber que las emociones que son más volátiles pueden hacer que algunos no se vean bien o se sientan torpes, pero no por eso se verá perjudicada nuestra autoestima. Puede incluso resultar lo contrario y que a veces estas experiencias nos hagan crecer más, nos hagan más fuertes y resilientes. Por lo tanto, las experiencias difíciles, o llamadas negativas, pueden también resultar muy potenciadoras de nuestra autoestima si sabemos comprender e interpretar aquello que nos sucede como una experiencia para fortalecernos y crecer.

La autoestima, además, no es un constructo fijo ni estable, va cambiando, se va formando con las experiencias, es algo que engloba al ser entero, y una persona puede sentirse muy valiosa, por ejemplo, en su trabajo, en su capacidad intelectual y estimarse mucho, y, por el contrario, puede sentirse muy poco hábil para las relaciones personales y en ocasiones evita estar con otras personas, o simplemente no queda dentro de sus preferencias.

La autoestima también necesita de madurez, de conciencia, de querer evolucionar, si deseamos desarrollar nuestra valía y autoconcepto. La madurez tiene mucha relación, en tanto en cuanto podemos aprovechar nuestra experiencia de vida para crecer, querernos, conectarnos. Puede que crezcas con la sensación de que eres la «pera limonera» o con el pensamiento de que no vales nada, pero el mundo al final te mostrará el lugar y el camino a recorrer, y para esto es importante practicar y atender a nuestra actitud. La experiencia, la actitud y la madurez son grandes aliados para nuestra autoestima. Nuestro amor por nosotros, al fin y al cabo, se entrena, no es fijo para toda la vida. Es cierto que se empieza a formar en las etapas tempranas porque ahí comienzan nuestras experiencias, pero intervienen nuestro temperamento y, más adelante, nuestra comprensión y nuestro aprendizaje.

> *Es importante saber que cada uno tiene una valía muy grande y una especialidad para regalar. ¡Solo tienes que descubrir la tuya!*

Como no deja de ser nuestra relación con nosotros y con lo que nos sucede, la autoestima pasa por períodos y estados diferentes, como todo en nuestra vida. Hay veces que estamos más bajitos de ánimo, nos miramos con ojos más apagados, y otras veces nos sentimos brillantes y valiosísimos. Es normal; no quiere decir que no nos queramos o que no vale-mos: quiere decir que somos humanos; nos podemos permi-tir diferentes estados y experiencias, eso no define quiénes so-mos ni cuánto sabemos.

También resulta muy sabio conocerse y ser tu mejor ami-go, sabiendo que, si te sientes muy sensible o en determinadas épocas de tu vida estás más cansado o menos animado, no pasa nada, sigues siendo tú y no es que no valgas o que no ten-gas una buena autoestima, como a veces escucho. Las perso-nas, los seres humanos, no somos lineales, no somos un estado neutro; somos un estado cambiante, de pensamientos, emo-ciones, sensaciones. Algunas las tenemos muy integradas, como pasa con el hambre y las necesidades fisiológicas; con respec-to a otras, aún estamos en ello.

Conocernos y saber qué sentimos es muy útil para nues-tra seguridad y confianza interior, y esto finalmente deriva también en una sólida autoestima y fortaleza interna. ¿Sabías que la verdadera fortaleza interior parte de la vulnerabilidad? No está de moda sentirse vulnerable o reconocerlo, pero es un gran poder que hay que investigar.

¿Qué es necesario construir para tener una autoestima sólida?

Abraham Maslow ya habló de las necesidades básicas de las personas para llegar a la autorrealización. Los profesiona-les de la psicología y del desarrollo humano también hemos estudiado nuestras necesidades para poder pasar a la siguiente etapa, y hacemos alguna modificación. Sabemos lo importan-te que es cerrar una etapa para poder pasar a la siguiente. Pero durante nuestra vida eso es muy importante; si no hemos cubierto alguna etapa importante para nuestra consistencia interna, se puede ejercitar y se puede incorporar. Existirían entonces caminos hacia la autoayuda, hacia el encontrarse mejor, hacia el crecimiento, hacia la sensación y la necesidad de conocerse o autocompletarse, y ahí entraría en juego un factor clave como la actitud, que usaría nuestra inteligencia e intuición y nos llevaría al camino que necesitamos integrar.

Indiquemos aquí las etapas que yo suelo considerar:

- **Seguridad**, con afecto, alimento, cuidado, estabilidad.
- **Pertenencia**, con amor, familia, referencia, grupo, hogar.
- **Reconocimiento**, con la conexión con nosotros a través de esa mirada materna. Conexión con nuestro hijo.
- **Aceptación**, con acogimiento a la vida, a lo que va y viene. Con discernimiento de lo que podemos cambiar y lo que es mejor observar.
- **Confianza**, en la vida, en la familia, en uno mismo, en nuestros hijos. Fe en que todo es «perfecto» tal cual es.
- **Amor**, con entrega, presencia, amabilidad, empatía, compasión, sintonía, etc.

A continuación, quiero dar unas claves o indicadores que nos pueden guiar en el camino de fortalecer nuestra autoestima:

1. Apostar por ser feliz

Si decides que quieres desarrollar el sentido del humor, desdramatizar, quejarte menos, ser alguien que en general está de buen humor, que mira el aprendizaje que nos ofrecen las cosas que suceden y el lado positivo de estas, tomas las «caídas» como oportunidades de aprender, superarse y levantarse; si te das la oportunidad y el tiempo para ello, sonríes, disfrutas de tu tiempo a solas y del tiempo con los demás, te desarrollas en los ámbitos de tu vida (ya sea profesional, social, económico, familiar, afectivo, etc.), vives con naturalidad tus emociones de enfado, tristeza, rabia, incertidumbre, miedo, sorpresa, alegría; si practicas la generosidad contigo y con los demás, sabes aportarte tranquilidad y serenidad, y concibes las relaciones basadas en el amor, la aceptación y el respeto, estás apostando por tener una vida feliz.

2. Aceptar las limitaciones y saber decir NO

Quiero destacar que las personas que saben manejar y aceptar los límites de la vida son más felices y resultan ser adultos más adaptados. La clave está en ser capaces de distinguir las limitaciones y poner límites en tu vida. Hay que entender cuándo son necesarios y saber explicarlos con una comunicación adaptada y asertiva. Es todo un arte y un regalo de vida, pero también un trabajo y una tarea que atender y cuidar.

Esto nos da contexto, entendemos qué se espera de nosotros. Así podemos decidir, ser conscientes de nuestra posición frente a determinadas cosas y marcar nuestro límite. Con estas herramientas se evitarían numerosos conflictos personales y de relaciones. Por eso hacemos hincapié en los límites, en la comunicación para lograr tener éxito en la vida y en las relaciones, y para fortalecer nuestra autoestima.

Es muy importante entender cuáles son límites sanos, con los que deberíamos crecer, los que nos llevan a aprender, a ser inteligentes, listos en nuestra vida, a discernir cuál es el camino adecuado, a saber hasta dónde quiero o puedo llegar, etc. Estos límites educan, enseñan, orientan y hacen a la persona más consistente emocionalmente y con mayores capacidades y habilidades para su futuro. Por otro lado, hay que conocer los límites no sanos, es decir, las limitaciones no saludables de generación propia, por educación o mensajes recibidos, que se quedan grabadas en nuestro archivo como NOES de la vida y que limitan mucho nuestra conducta, potencial y desarrollo hacia el éxito. Y no debemos olvidar que tenemos que saber aceptar y discriminar que tanto la vida como nosotros tenemos limitaciones. No es algo horrible que nos imposibilite conseguir nada; al contrario, nos ayudará a aceptar la realidad y a seguir creando posibilidades y oportunidades gracias al entendimiento de la vida y a nuestra inteligencia emocional.

3. Aprender a comunicarnos

Es cierto que el aspecto comunicativo no siempre es algo a lo que hayamos prestado especial atención, a pesar de que nos encanta relacionarnos. Sin embargo, relacionarse no es comunicarse. Para comunicarnos debemos decir o expresar algo y tener al otro lado a alguien que nos escuche. Esto es todo un arte que además hace mucho bien a las personas, a nuestras relaciones, y se puede aprender.

La comunicación requiere espacio y tiempo, no suele ser posible comunicarnos bien con prisas, con estrés o sin estar plenamente atentos a lo que el otro quiere decirnos. Por lo tanto, si queremos expresar algo que resulta importante, si queremos que nos escuchen o si queremos escuchar con atención, tenemos que buscar el momento y el lugar, pero hagámoslo con la consciencia y la frecuencia necesarias. Muchas de las alteraciones de las relaciones provienen del mal entendimiento comunicativo.

Es muy importante valorar la comunicación como un aspecto esencial en la inteligencia emocional, para la autoestima y para el éxito de un ser humano.

4. Reforzar y valorar nuestras actitudes

Es necesario poner especial atención en la actitud: de ella depende la mayor parte de nuestra vida, de ella depende, en gran medida, nuestra autoestima y nuestras sensaciones y pensamientos acerca de nosotros mismos. Valorar cualquier intento que realizamos por hacer las cosas bien, así como cambiar el foco de atención, el modo de mirar lo que nos sucede, la manera de interpretar el mundo hará muchísimo por nosotros y nuestra felicidad.

5. Potenciar, permitir, favorecer nuestras aptitudes

Otro punto de realización personal que también puede favorecer la seguridad personal y la autoestima es desarrollarnos en aquello en lo que somos aptos y nos gusta. El primer paso es detectar qué se te da bien y hacer de ello tu don si te hace sentir cómodo, y después ponerlo al servicio de los demás. Esta suele ser la cadena perfecta.

6. Atender al reconocimiento hacia nosotros mismos

Para madurar, tener una autoestima sólida e independiente del halago continuo y saber manejar a nuestro crítico interno, tenemos que aprender a sentirnos reconocidos. Si esto es algo que no hemos aprendido de pequeños por las circunstancias que sean, recuerda que nunca es tarde; puedes comenzar hoy mismo aprovechando que estás leyendo este libro. Como siempre digo, desarrollar el reconocimiento propio, que es básico para tener seguridad, madurez, confianza y, en consecuencia, para formar una sólida autoestima, es un trabajo consciente. Si no te sentiste reconocido en tu infancia, ahora que lees esto tienes una nueva oportunidad. Es tu responsabilidad, está en tu mano, ahora depende de ti que aprendas a mirarte y a reconocerte en todos tus valores y aptitudes, que seguro son muchos.

Si nos reconocemos a nosotros mismos, nos sentiremos reconocidos en el mundo, no dependeremos de la opinión de los demás. Aceptarse seamos como seamos y darse ese reconocimiento es un regalo de vida muy grande. Si a esto le sumamos que sentimos que somos únicos, que somos valiosos como personas en este mundo, que tenemos algo que aportar, el regalo será doble o triple para nosotros, para nuestro entorno y para toda la sociedad.

Te invito a reflexionar sobre la autenticidad y la especialidad personal de cada uno para desarrollarla y compartirla. Regalarnos a nosotros mismos, sentirnos, querernos y aceptarnos tal y como somos, y ofrecérselo al mundo.

¿Para qué sirve la autoestima y por qué es tan importante?

La **autoestima**, al ser la percepción que tenemos de nosotros mismos, abarca todos los aspectos de la vida, desde el físico hasta el interior, pasando por la valía o la competencia. Se trata de la **valoración** que hacemos de nuestra persona, la cual no siempre se ajusta a la realidad. Esa valoración se va formando a lo largo de la vida, va pasando por etapas según cada cual y su momento vital. Se va conformando a partir de nuestras experiencias y nuestra relación o visión del mundo, de quiénes somos y para qué estamos en él.

Es cierto que la seguridad emocional, la inteligencia de vida, la capacidad de introspección, la claridad en el lenguaje y la focalización son aspectos que podemos aprender desde pequeños y que nos harán ver con objetividad muchos aspectos de nosotros mismos que a veces nos dañan. Si podemos salir de la escena y vernos desde fuera, no veremos algo tan horrible como lo vivimos o lo sentimos. Al contrario, conectar con tu yo a nivel profundo hará que sientas que eres mucho más que un conjunto de adjetivos y, además, que puedas conectar con tu propósito de vida, como veremos más adelante en este libro.

Tener una mente clara, focalizarte en aquello que deseas alcanzar, un objetivo realista, y actuar para conseguirlo hará que ganes mucha seguridad y tu autoestima se vea muy fortalecida. La seguridad, la confianza, la autoestima y la felicidad van muy de la mano.

¿Qué otros factores intervienen en la autoestima?

1. El entorno

El contacto con otras personas es una de las fuentes más importantes que tenemos para poder crear nuestra propia visión del mundo e ir transformándola también. La relación que tienes con cada una de las personas de tu entorno (amigos, familia, pareja) va a ser importante para desarrollar tu idea de cómo crees que eres y a dónde quieres llegar.

Es importante saber que la mitad de ti o algo más va a conformarse en función de quién te rodea, con quién convives, qué escuchas y cómo piensas. Es fundamental prestar atención a esto, no para que salgas corriendo, pero sí para que seas consciente.

2. Las creencias

Tenemos que aprender a detectar qué creemos de nosotros mismos y lo que no corresponde o lo que deseamos cambiar, y proyectar las nuevas creencias que nos ayudarán en cada momento de la vida. Es cierto que muchas de ellas a veces no son conscientes, damos por hecho cosas que no nos pertenecen, por eso es tan importante descubrirse, aventurarse a indagar en uno mismo y atreverse a correr el riesgo de vivir. Cuando uno vive crisis o circunstancias difíciles, muchas creencias se rompen, se desvanecen, a veces nos vemos mucho más fuertes de lo que pensábamos, o, por el contrario, nuestro cuerpo nos acaba diciendo que necesitábamos vivir y sentir vulnerabilidad, que estábamos equivocados al pensar que éramos omnipotentes.

3. Lo que dices de ti mismo

Todos y cada uno de los calificativos con los que nos definimos a nosotros mismos forman una teoría sobre quién creemos que somos. Empezar a definirnos con palabras amables y reales nos ayudará a querernos y a sentirnos bien. Lo que pensamos de nosotros también es cambiante y no podemos atribuirnos generalidades por determinadas acciones. Si un día, por ejemplo, me equivoqué realizando un trabajo, «no soy un desastre». Aunque oiga esa voz en la cabeza, porque por algún lugar me estoy exigiendo, si soy consciente de ello, no diré «yo no trabajo en esto porque soy un desastre». Podré intentarlo de nuevo, o podré decir «no me gusta trabajar en esto», por ejemplo. Pero no atribuiré cargas emocionales reactivas que tendemos a regalarnos tan rápida y gratuitamente. Es como si en algunas ocasiones no nos perdonáramos la vida. A veces, de la presión nos vamos al lado opuesto, todo nos molesta y lo rechazamos o soñamos con eliminarlo de nuestras vidas.

4. Tu naturaleza interna

Si conociéramos la capacidad que tiene el ser humano, tan solo con creer en él, nos asombraríamos. Por eso iniciar un cambio, saltar a otro nivel, fortalecernos, convertirte en el «cisne» que deseas ser es posible si tu actitud y tu naturaleza interior, tus ganas de ir hacia delante y desarrollarte salen a la luz.

La búsqueda en uno mismo, la conexión íntima y profunda la podemos realizar mediante algunos ejercicios de entrenamiento. Ese encuentro contigo, con tu belleza, con tus sentimientos puros, donde no sientes rencor, donde no te molesta aquello que te ocurrió, donde te gustaría estar en paz y en calma con todos y con todo, sobre todo contigo mismo, es el mejor regalo que puede darnos la vida. Acostarte todas las noches sintiendo que estás en paz con el mundo, que no tienes nada que ordenar porque ya lo has hecho, que no te sientes culpable por ello porque ya pediste perdón, o porque no es tu responsabilidad, dormir con la sensación de tener los deberes interiores hechos, es de las cosas más placenteras que se pueden sentir. No te vayas a la cama enfadado con tu pareja, tus padres o tus hijos: si puedes, arréglalo antes y daos un abrazo de perdón y reconciliación verdadera.

5. La acción

Para que la autoestima se fortalezca, es importante pensar,

pero también actuar. Si la energía se queda en nuestro interior se transformará en otra cosa, y es importante que veamos hacia dónde queremos dirigir esa energía, qué queremos cambiar, qué queremos construir. Sin acción no hay experiencia, no hay evolución, no hay cambio. La acción es necesaria para poner en práctica las teorías, todas las ganas, y sacar la energía para que no se quede en nuestro interior. La acción es necesaria para ofrecerle al mundo lo mejor de nosotros.

Una aclaración

La autoestima no es decirle todo el día a alguien que es guapo, maravilloso, estupendísimo, listísimo. Los niños con lenguaje y las personas adultas discernimos el contenido y la atribución. Sabemos por naturaleza cuándo algo está bien hecho, empezamos a sentir pronto nuestros valores más preciados, aunque luego nos despistemos y creamos que no los conocemos...

> *Para educarnos en autoestima es importante*
> *aprender también a reponerse de las caídas.*

Por lo tanto, hay que educarse en la fortaleza y en el reconocimiento de nuestra vulnerabilidad, hay que saber que se puede tener autoestima teniendo días difíciles donde no te gustas nada, no te ves bien, te criticas por una acción... Tenemos que reeducarnos en la compasión, en el aprendizaje de aquello que podemos cambiar, también de lo que no podemos cambiar, y en aprender de los «errores-experiencias», usándolo siempre para evolucionar.

La autoestima no es ni más ni menos que querernos a nosotros mismos desde el amor profundo. Se trata de creer en nosotros, saber que estamos de nuestro lado y no en nuestra contra. Es la complicidad con nosotros mismos y saber que podemos ofrecer mucho al mundo. Es sentirse único, saber que nuestro tiempo es limitado y querer dejar huella, sea del tamaño que sea.

A continuación, te doy algunas sugerencias que te ayudarán a sentirte bien y favorecerán tu autoestima:

Busca y encuentra

El primer paso que debes dar para mejorar la autoestima es la introspección, el mejor conocimiento de ti mismo, de esos rasgos que te definen y que crees de ti, de la persona que eres y de la persona que quieres ser. Búscate, encuéntrate y conócete.

Ser un buscador es algo importante y básico para encontrar, pero es fundamental discernir entre un buscador sin rumbo y uno que tenga un fin concreto, que esté más o menos definido, que sepamos dónde indagar y si sabemos ampliar el foco de atención para detectar si lo que queremos está donde lo busco o donde jamás pensábamos que estaría.

¿Qué quiere decir todo esto?

Es necesario estar abiertos, ser flexibles, no obstinarse (o reticentes a aceptar las negativas como señales) en ningún objetivo por muy ideal y bueno que pensemos que es.

No podemos empeñarnos en algo concreto, en personas u

objetos que creamos que nos van a dar la felicidad. Nuestra búsqueda debe incluir lo concreto y lo genérico a la vez; puede ser buscar una pareja que nos dé estabilidad y felicidad, un trabajo que nos procure desarrollo profesional y personal, una casa donde vivamos a gusto, etc.

Un ejemplo simple

Una persona quería encontrar la casa ideal para emprender una nueva vida y etapa familiar. Vio una que se acercaba mucho a lo que deseaba y pensó: «¡Qué suerte!». Pero antes de finalizar el trámite, empezó a haber pegas; entre ellas, que iba a vivir enfrente de su expareja, de la que había huido por motivos varios. Además, no se ponía de acuerdo con el casero. Se empezó a obsesionar porque creía que era la única oportunidad de encontrar un verdadero hogar, a pesar de todos los obstáculos. Al final se resignó, pero durante meses dio vueltas a lo que había pasado y a su «mala suerte». Estuvo de bajón, con un gran disgusto.

No se había dado cuenta de que, a la vuelta de la esquina, en un sitio mucho mejor, más cerca del lugar donde transcurría su vida actual, sin recuerdos del pasado enfrente, ni problemas con nadie, había otra casa mejor, más barata, nueva y con toda clase de facilidades.

¡Fue una suerte haber tenido «tanta mala suerte»! Por lo tanto, el buscador tiene que mantener esa actitud abierta a las circunstancias. El no-buscador no verá nunca una oportunidad, le costará ubicarse y quizá viva con cierta inseguridad e insatisfacción. El que encuentra usará su inteligencia, que sabe hacerle ver y discriminar las oportunidades que le brinda la vida.

Cuídate por dentro

Aliméntate de forma nutritiva, atiende a lo que comes y bebes, no para sentirte mal, sino para ser consciente de lo que haces, para decidir lo quieres hacer.

¡Medita, camina, muévete, ríe,
respira, duerme, baila! ¡Vive!

Una reflexión acerca de la enfermedad

La enfermedad psicosomática viene a decirnos mucho acerca de nosotros. Cuando no nos escuchamos, cuando estamos en la parte racional y hemos olvidado nuestro cuerpo, este a veces se hace escuchar a través de la enfermedad.

No es casual que el estrés provoque problemas digestivos, o que las situaciones vitales difíciles provoquen tensión muscular, contracturas, o que los disgustos a veces provoquen afonía e inflamación en las cuerdas vocales. La enfermedad viene muchas veces para avisar de que algo falla. Tenemos que escuchar nuestro cuerpo, ser amables con él. Aunque no entendamos la enfermedad, hay que vivirla, atenderla y aprender de ella. Usar la cabeza cuando existe una enfermedad está bien, pero no para preguntarse «por qué» ni llegar a la razón de la misma, sino para ver qué puedo hacer para estar mejor partiendo de esas circunstancias.

En un proceso de enfermedad, y también cuando estamos sanos, no hay que olvidar vivir las emociones y sacarlas fuera. Compartirlas, llorarlas, gritarlas, permitirnos una gripe en el corazón, vivirnos como personas malhumoradas o disgustadas, o débiles, necesitadas, con frustración y miedo, es muy normal y sano. Además, te voy a contar un secreto: ES

TEMPORAL. Y te voy a dar un consejo: si tienes dificultades para hacerlo, para llorar, para saber lo que te pasa, pide ayuda profesional. No hay nada de vergonzoso ni humillante en ello. Reconocer un problema y aceptar ayuda ajena forma parte de nuestra condición humana, aunque a menudo nos cueste.

Una vez hayamos vivido y sacado todo lo que la enfermedad remueve y todo lo que significa vivir con ella y aceptarla, una vez que hayamos entrado en un proceso de deconstrucción de nosotros mismos y tengamos la sensación de que nuestros sentimientos se han agitado en una batidora, es posible que nos sintamos raros, que no nos reconozcamos, pero no será tan horrible como creemos porque entraremos en el estado de construcción. Dicho de otro modo: gracias a que viviste todas esas emociones y las exteriorizaste, las hiciste conscientes, las reconociste, y entraremos en un período de construcción y asimilación de la nueva circunstancia. Quizá el problema real siga presente, quizá sigamos enfermos, tristes porque hemos perdido a alguien, pero quedará algo importante: tu capacidad para CONSTRUIR, adaptarte, hacer algo nuevo, aceptar y recuperar todo lo positivo y bueno que hay en ti.

En esta fase hacemos un cambio. Esto es lo mejor del ser humano: que somos capaces de dotar de sentido a las cosas, y podemos aprender a no enfermar por una enfermedad.

Cuídate por fuera

Estamos en un momento muy visual y lo que vemos nos transforma mucho. Es terapéutico que te veas bien, y esto no quiere decir que se responda al canon de belleza imperante.

Se trata de que tú te veas bien, te gustes y te sientas cómodo en tu piel. ¡Mímate!

Cultívate

Es importante alimentar nuestro intelecto. El conocimiento aporta satisfacción, seguridad y nos enriquece, ya que nos ayuda a discernir. Lee, ve al cine, estudia, haz algún curso que te guste. ¡Cultiva tu jardín interior y te dará bellas flores!

Cree en ti

Invierte en ti, en tu interior, en lo que un naufragio no te pueda arrebatar. Cree en lo imposible y se hará posible, focaliza tu atención en tu objetivo, en tu sueño y disfruta del camino hacia él. Diseña tu plan y ábrete a fluir. Ese es el secreto del éxito: proyectar, perseverar y fluir. Cree en ti, cree en la vida, confía y lánzate, porque la vida conspira con quien apuesta, con quien se muestra seguro y con quien arriesga. La suerte está en ti, la suerte eres tú.

Encuentra tu propósito

Este punto es muy profundo y merece que lo veamos con detenimiento más adelante, en un capítulo aparte. Es un regalo de vida encontrar nuestro propósito, sentir sintonía con él y desarrollarlo. Este aspecto hace que se potencien muchas cualidades que tenemos y que, finalmente, nos conducen a la felicidad.

Siéntete útil

La sensación de utilidad es de las que más elevan nuestra seguridad y amor hacia nosotros. Alguien útil, feliz de servir a la vida conscientemente, se quiere mucho, y esto es un regalo. ¡Participa!

Piensa en positivo

Sé realista, elige si quieres ver o no la realidad, y a partir de ahí toma decisiones constructivas. Rodéate de gente que también piense en positivo y potencie esta actitud hacia la vida: real, alegre, madura, inteligente. ¡Yo soy +!

Atiende a tu lenguaje expresivo y a los mensajes que te das

Observa cómo te hablas, si tienes un lenguaje muy autocrítico, exigente, imperativo, amable, complaciente. ¿Qué tipo de palabras utilizas? ¿Eres la misma persona contigo que con los demás? ¿Sabes decir «no»? ¿Cómo te hablas? El lenguaje configura mucho el pensamiento y, por consiguiente, modifica la química del cerebro, que deriva en nuestras emociones. De ahí que sea fundamental que te des mensajes positivos, y que no obstante sean realistas: si algo no salió bien, no te castigues, di: «La próxima vez lo haré mejor».

Pon humor a tu vida

Un signo de madurez, como se suele decir, es poder reírse de uno mismo. Pero, además, reírse de uno mismo es aceptarse, conocerse, haber trascendido y superado los sentimientos de heridas pasadas; es quererse, divertirse, aporta ligereza, ayuda a no sentir la presión de estar y ser siempre perfectos. Reírse de uno mismo ayuda a ser más feliz.

Agradece

El agradecimiento proporciona una sensación interior de abundancia, de estar llenos, de tener todo, y esto es otro regalo a nuestro alcance. Agradece los pequeños detalles, los instantes del día, las personas que te aportan algo. ¡Agradece y verás!

Enfócate en la aceptación

Una vez que tengas bien claro quién eres, acéptate así. Eso no impide que trates de mejorar aquello que no te guste, pero tú eres una **persona especial**, con tus virtudes y tus defectos. Y si tú te aceptas, habrás dado un salto muy importante en tu interior y en tu relación con la vida.

Especialízate en amabilidad

Para una buena autoestima es necesario que te aprecies, que seas amable contigo mismo, que te gustes, que te quieras y que seas tu propio cómplice de cambio y de vida.

Gana seguridad

Conocerte, pensar con claridad, desarrollar experiencias, sentirte en tu centro y conectado contigo mismo hará que sientas confianza y seguridad. Es importante tener una visión del mundo también como un lugar amable que te acoge y te devuelve con gratitud lo que tú entregas.

Practica el perdón

Aprender a perdonar a quien más ayuda es a nosotros mismos. El perdón nos aligera el equipaje y la carga pesada, el perdón nos enseña a pasar página y nos deja libertad para crecer. Perdónate a ti mismo si lo necesitas y perdona a aquellos con quienes sientas que tienes una cuenta pendiente, de esta manera romperás esa conexión que frena tu vida.

Toma la responsabilidad

El camino de tu vida lo crea tu recorrido, tus experiencias, tus relaciones y tu vida. Cada persona elegirá su camino para ser feliz, tener una fuerte autoestima y desarrollar su potencial. Tú eres el único responsable de tu cambio y evolución, así que ¡ponte manos a la obra!

Comparaciones, solo contigo mismo

No te compares con nadie. Si quieres mejorar tu autoestima, debes aprender que tu vida es cosa tuya. Trata de cambiar lo que no te gusta, y recuerda que la autenticidad es lo que te hace único y especial.

Objetivos sí, expectativas no

A veces la autoestima se cae porque no has cumplido tus **expectativas vitales**. Revisa y ajusta esas expectativas, y cambia el concepto por «posibilidades». Se te abrirá un abanico de oportunidades que no habías considerado. Pega un salto a la realidad y a lo posible y serás consciente de lo que de verdad puedes lograr.

Atiende a la perfección y a las virtudes

Uno de los mayores enemigos de una autoestima saludable es nuestro crítico interior, sobre todo si se pone muy dominante. Esto nos puede llevar a un exceso de perfeccionismo y muchas de las alteraciones que vivimos provienen de exigencias, que se construyen en nuestro interior en la mayoría de los casos. Con esto no pretendo que nos culpemos y pensemos que somos nuestros peores enemigos. No lo hemos sabido hacer de otra manera, pero siempre es una buena oportunidad para aprender.

> *Recuerda: esto de la autoestima es como todo, puede que te resulte más o menos fácil, pero con práctica, disciplina, perseverancia y voluntad se puede, ¡claro que se puede!*

La naturaleza humana está llena de perfectas imperfecciones, de paradojas y de «errores/experiencias». Por tanto, es posible que puedas focalizar tu atención principalmente en **tus virtudes**, en todo aquello que haces bien o en aquello que puedes aprender, evitando castigarte a ti mismo como si se tratase de una conducta que fuese a ayudarte.

Es importante ser compasivos, comprensivos con nosotros mismos, amables, y también darnos la oportunidad de aprender, independientemente del tiempo que necesitemos para cada aprendizaje. Unas veces se aprende en un ensayo, y otras se necesitan unos cuantos más, que además nos suelen llevar a comprender que tropezamos en la misma piedra. Necesitamos más ensayos, eso es todo.

Practica tu espiritualidad

Este punto nace de mi vivencia personal de observar, de reflexionar y de vivir. Pensaba en lo importante que es hacerse preguntas, porque la pregunta está antes que la respuesta. Ahí radica una de las claves de nuestras vidas.

Una conversación por teléfono hizo que me parara a reflexionar en qué momento me encuentro, cuándo me siento YO en esencia pura. Ahí van algunas de las reflexiones de mi interior y del interior de personas con las que hablo a diario. Igual te resultan inspiradoras y te ayudan a preguntarte acerca de ti, sobre todo para encontrarte contigo mismo.

La espiritualidad es algo muy personal que cada uno vive de una manera particular. La **espiritualidad** puede definirse como un estado de conexión, de experiencia, con algo más grande que nosotros, llámese Dios, naturaleza, conexión entre las personas o la parte más profunda de nuestro ser. Una **persona espiritual** es una persona que presenta un equilibrio o que está en el camino de encontrar la armonía con su esencia y su vida.

Así, me encuentro conmigo mismo y practico mi espiritualidad:

- Cuando conecto conmigo, con mi corazón, con mi calma, con el amor hacia mí misma.
- Cuando conecto con el mundo, con el amor de mi familia y el corazón de los demás.

- Cuando llego a casa después de una larga jornada, me doy una ducha y me tumbo en el sillón junto a mi perro.
- Cuando viajo y descubro.
- Cuando quedo con los amigos de toda la vida.
- Cuando conozco gente nueva.
- Cuando hago deporte en la naturaleza.
- Cuando me doy un homenaje en compras y belleza.
- Cuando medito o hago yoga en silencio.
- Cuando emprendo un proyecto nuevo y me siento útil y conectada a la vida.
- Cuando estoy un ratito a solas, una tarde, o en un viaje.
- Cuando me abrazan con amor y me siento querida.
- Cuando ayudo, me doy a otras personas y hago algo desinteresadamente.
- Cuando estoy trabajando, me siento útil y al servicio de la comunidad.
- Cuando estoy de vacaciones y dedico tiempo para mí y mis seres queridos.
- Cuando sigo mi rutina.
- Cuando estoy con mi familia.
- Cuando vuelvo a mis raíces, a lugares y espacios conocidos.
- Cuando cuento chistes y bromas y me divierto.
- Cuando hago planes diferentes y salgo de la rutina.
- Cuando me relaciono con gente que estimula mi pensamiento.
- Cuando disfruto en pareja y siento amor profundo y maduro.
- Cuando conecto con mi fe y mi confianza en la vida.
- Cuando tengo claro el sentido y el camino de mi vida.

- Cuando agradezco y siento que el mundo conspira a mi favor.

Recuerda: el mejor encuentro siempre es con uno mismo.

LA HISTORIA DE J

J venía a la consulta porque sentía que no valía nada, decía que toda la vida le habían dicho que él no valía, que era raro. Recordaba que siempre le mandaban callar cuando decía algo y, si hablaba, no le atendían igual que a sus hermanos.

Esto le fue creando la idea de que era diferente, pero lo más difícil era vivir con la sensación de que era inadecuado. Incluso llegó a sentirse enfermo y potenciaba algunas de esas alteraciones.

J creció con desconfianza, no se sentía seguro en su entorno, le decían que tuviera cuidado con todo. Era como si sus padres le vieran más débil por alguna razón, y le protegieran de esta manera. J cogió muchos miedos que se fueron enquistando y se convirtieron en hábitos. Cuando terminó sus estudios no se sentía capaz de trabajar si no era en su entorno familiar, ni de afrontar una vida de pareja, ni de vivir solo. Así fue pasando su vida, hasta que se convirtió en un señor de mediana edad y llegó la gran crisis cuando falleció su madre, su compañera de vida.

J sigue viniendo a la consulta, hablamos de sus emociones, sus sensaciones, y hemos atravesado mucho en estos meses. Hemos reído, hemos llorado, hemos superado miedos, hemos cambiado hábitos.

¿Está enfermo? No. ¿Tiene su autoestima a punto? No.

¿Ha superado muchas cosas? Sí, ha conseguido lo que no imaginaba: ha vuelto a vivir, ha logrado tener más seguridad, ha aprendido a conocerse, ha comenzado a aceptar lo que le sucede, ha aceptado sus dificultades, pero todavía queda camino por recorrer.

J está muy agradecido de haber encontrado un lugar donde se siente aceptado, donde no se siente raro, donde abre su corazón y le escuchan sin juzgarlo.

¿Eran malos sus padres? No. Hicieron lo que pudieron con el amor de padres. ¿Será feliz? Sí. J es como todos, tiene sus momentos de felicidad y sus momentos para vivir otras emociones, y seguimos trabajando esta parte para que pueda seguir creciendo y tener una vida mejor.

PRACTICA Y EJERCITA TU AUTOESTIMA

A continuación, te doy diez técnicas para poner en práctica que te ayudarán a aumentar la autoestima:

1. Decide y pasa a la acción

En este punto es donde comienzo por un concepto importante, el «discernimiento». Soy una enamorada del discernimiento porque nos hace muy sabios en nuestra vida y nace de la conexión con nosotros mismos.

Discernir es importante para saber si es momento de actuar o momento de aceptar. Porque cualquiera de las dos decisiones implica una acción (tanto hacer como no hacer son acciones). Por lo tanto, tener experiencias es clave para nuestra autoestima, porque nos ofrecen la oportunidad de tomar decisiones, discernir y actuar frente a lo que nos sucede, y eso implica aprender.

2. Prioriza y atiende a tus valores de vida

Cuando nos ponemos objetivos, deseamos conseguirlos y eso es muy estimulante. Sin embargo, debemos tener presente que durante este trayecto pueden cambiar cosas, y también es donde más se aprende y disfruta. Creemos que alcanzar la meta es lo fundamental, y es verdad que puede resultar muy satisfactorio, pero es básico saber que muchas veces no se conseguirá, cambiaremos de ruta, la vida nos llevará por otro lado. No significa que hayamos fracasado, porque seguro que hemos aprendido y tenido experiencias nuevas gracias a la puesta en marcha de ese objetivo o meta inicial.

Si te preparas mucho para algo y no sale, es probable que no tengas la madurez de pensamiento para decirte: «Qué bien que no me salió aquello por lo que tanto trabajé». Seguro que primero lo ves con tristeza, rabia e incluso como una maldición. Recordemos que nada es una maldición ni una bendición, son solo experiencias de vida que con el tiempo podremos comprender mejor. A menudo lo que parecía traernos una desgracia se convierte en una ayuda para otras cosas, aunque de primeras no lo veamos. Aquí es importante aceptar y confiar en la vida.

3. Identifica y enfócate en tus fortalezas

Sabemos que todos nacemos con una serie de cualidades que son nuestros puntos fuertes; son aquellas habilidades que se nos dan especialmente bien y que vamos desarrollando en nuestra vida, porque no se nace con todo, también se hace.

Entonces te propongo:

- Piensa primero en cinco logros que hayas conseguido a lo largo de tu vida y descríbelos con detalle: cuándo fue, qué pasó, qué hiciste. Luego piensa qué características personales positivas son necesarias para conseguir cada uno de esos logros: la curiosidad, la iniciativa, la perseverancia, la paciencia, etc.

¡Estas son tus fortalezas! Y seguro que son maravillosas.

4. Practica la gratitud

La gratitud es una fortaleza muy relacionada con la autoestima. Te propongo algunos ejercicios:

- Escribe una carta a una persona muy querida. La actividad consiste en escribirte a ti mismo una carta describiéndote en tercera persona con amor y amabilidad. Date unos minutos para respirar, cerrar los ojos y conectar con tu esencia, con tu corazón, con tu verdadera belleza. Si lo deseas, puedes describir características físicas, psicológicas y sociales positivas de ti que te gustan.

Puedes ayudarte con el siguiente guion:

Te presento a X. Es alguien especial para mí, a quien estoy aprendiendo a querer. Le estoy dando la oportunidad de conocerme.
Lo que más me gusta de él/ella es...
Algunas de las personas que más le quieren son...
De lo que más orgulloso/a se siente es...

Lo que necesitaría para sentirse más a gusto consigo mismo/a y tener más autoestima es dejar de...
Y esto podría conseguirlo haciendo...

Termina escribiendo el siguiente párrafo u otro que exprese el cariño que sientes por ti, que implique esa intencionalidad de quererte, cuidarte y ser tu mejor compañero de vida:

Yo creo que se sorprendería si supiera lo importante y especial que es para mí, porque la verdad es que es la persona con la que tengo la relación más estimulante, apasionante y duradera de mi vida.

5. Convierte tus pensamientos negativos en respuestas racionales, positivas y realistas

Nuestro diálogo interno es fundamental a la hora de construir nuestra autoestima e interpretar nuestra realidad. En personas con una autoestima sana este diálogo suele ser amable, positivo y reconfortante. Pero en aquellas con la autoestima baja se convierte en todo lo contrario, aparece una voz que critica, castiga y desprecia los logros constantemente. Atención a ese crítico interno, no eres tú.

Esta voz interior es irracional y suele interpretar cualquier situación de la peor forma posible, incluso cuando no haya pruebas objetivas para llegar a esa conclusión.

¿Qué podemos hacer? Detectar esos pensamientos irracionales, negativos acerca de ti mismo y cuestionar su objetividad, cambiándolos por otros más realistas y objetivos. Tocará ponerlos a prueba para que tu razón los termine venciendo. Además, es importante que pongas distancia, tienes que saber que no eres tú, que solo es un pensamiento, y dejar que se vaya sin forzar. Lo acabará haciendo si no le prestas atención. Recuerda que todo lo que se atiende crece y cobra vida.

Identifica también en qué situaciones aparecen y qué es lo que te dicen exactamente. Observa sin hacer juicios, sin querer encontrar una respuesta, porque, si se puede llegar a la comprensión, esta vendrá con la observación y la distancia. En cuanto a las emociones que estos pensamientos te pueden provocar, respira, se irán también pasado un rato.

Recuerda que las emociones tienen una curva de desarrollo: una vez alcanzan su pico máximo, empiezan a aflojar. Lo importante es que no te asustes, que respires y que lo vivas como un aprendizaje. No hay que seguir al pensamiento, ni hacerlo más grande; no lo creas y no te asustes con la emoción que te trae.

Cuanto mejor entiendas las emociones que te causan, menor poder tendrán sobre ti, porque reconocer la emoción que sientes reduce su impacto.

Para generar pensamientos positivos, escribe todos los días frases en afirmativo, en presente y en primera persona de aquello que desees atraer a tu mente; escribe esos mensajes alternativos que te harán sentirte bien, tranquilo, seguro, confiado y con amor hacia ti.

6. Plántales cara a tus miedos

Cuando el miedo aparezca, no lo ignores, no lo bloquees, haciendo como si no existiera. El miedo es un avisador, y si este es producto de un pensamiento o creencia y además te limita y quieres superarlo, lo mejor es plantarte frente a él.

Es importante que entendamos que no somos lo que pensamos, cuando pensamos algo no significa que vaya a ocurrir. ¿O es que acaso por pensar que nos va a tocar la lotería ya somos ricos? Nosotros somos quienes observamos ese pensamiento, nos damos cuenta de que existe porque lo vemos.

A nuestra mente le encanta pensar, es su tarea principal, pero necesita estar orientada y funcionar en consonancia y coherencia con nuestra esencia para funcionar a nuestro favor y hacernos bien. Es importante educar nuestros pensamientos y dejar de creer que hay algo que va a hacernos daño. Es todo cuestión de evolución y aprendizaje. Los pensamientos positivos nos generan una química interna que favorece los estados de placer. Los pensamientos negativos nos disparan el estado de alerta y peligro. Los pensamientos más neutros, con distancia, sin implicarnos mucho, con los que no nos identificamos, van y vienen sin alterarnos hacia un extremo u otro, nos mantienen en un saludable equilibrio. Nuestra tarea principal es mirar el pensamiento desde el patio de butacas, con distancia, observarlo y dejar de identificarnos con él. Así perderá su poder.

¿Cómo podemos practicar esto? Cuando el miedo te invada:

- No bloquees el pensamiento que causa ese miedo. Dale espacio, siéntelo, no quiere ir contra ti.
- Familiarízate con tu miedo. Ponle un nombre, imagínate cómo sería su forma física (si lo dibujas, ¡todavía mejor!) y míralo de frente.
- Utiliza la técnica de *mindfulness* de respirar y obsérvalo como hojas que vienen y van. Puedes imaginarte un manantial de agua que arrastra unas hojas. Visualiza tu

miedo encima de una hoja mientras el río lo arrastra y desaparece lentamente. Al principio necesitarás práctica, pero con tiempo lo conseguirás.

7. Perdónate a ti mismo, practica la autocompasión

Para mejorar la autoestima es fundamental aprender a perdonarte por nuestros errores. Es muy beneficioso para nuestra salud emocional y física practicar la compasión y la amabilidad con nosotros mismos.

La autocompasión está muy relacionada con el concepto que tenemos de nosotros mismos y el amor que nos damos. Esto consiste en tratarte con la misma empatía con la que tratarías a tu mejor amigo, algo maravilloso.

¡Conviértete en tu mejor amigo!

Darte apoyo y ser comprensivo contigo mismo, en lugar de criticarte y juzgarte a la primera de cambio, implica aprender a calmarte y a reconfortarte para volver a intentarlo, en lugar de castigarte cada vez que cometes un error.

Hay muchos ejercicios y actividades para desarrollar la autocompasión, pero el más sencillo es hablarte de la misma forma que lo harías con un amigo que lo estuviera pasando mal. De esta forma empezarás a ver tus circunstancias o problemas como algo que estás experimentando, y no como algo que te define.

Cada vez que te descubras a ti mismo castigándote, sustituye tu voz crítica por frases compasivas. Tu autoestima lo agradecerá y, además de hacerte una caricia, tu mente sabrá que te estás tratando bien y eso generará mayor bienestar.

8. Aumenta tu confianza con las posturas de poder

¿Sabías que tu lenguaje corporal influye en el estado de ánimo? Cuando nos sentimos decaídos, lo expresamos también corporalmente, encogiendo el cuerpo o tensándolo; esto además se retroalimenta, es decir, una postura encogida al final acaba proporcionándonos una actitud y unas emociones o sensaciones físicas.

Para mejorar esto y cuando necesites coger fuerza, prueba a utilizar una postura erguida y expansiva. A este tipo de poses (cabeza elevada, hombros hacia atrás y manos apoyadas en las caderas) se les llama «posturas de poder», y se ha demostrado que mantenerlas durante unos minutos ya es suficiente para reforzar tu confianza, sentirte mejor y más seguro de ti mismo. Estas posturas son capaces de disminuir el cortisol (la hormona del estrés y la ansiedad) en un 25 % y subir la testosterona en un 20 %, lo que potenciará tu poder y valentía. De este modo, su práctica puede resultar muy útil, ya que habrás conseguido subir tu autoestima y ganar varios puntos en tu bienestar.

9. Haz ejercicio, muévete

Los resultados del mayor estudio realizado sobre ejercicio y autoestima demostraron que, siempre que sea de mediana intensidad y conscientemente, hacer deporte incrementa la autoestima. Treinta minutos de ejercicio aeróbico moderado al día son suficientes para reducir los niveles de cortisol y aumentar tu bienestar gracias a la liberación de endorfinas.

Ocurre lo mismo con las experiencias gratificantes. Superarte a ti mismo con pequeños retos diarios, coger confianza a través de pruebas deportivas, disfrutar del movimiento, poner tu cuerpo en forma de manera consciente, todo esto hace que nuestro cuerpo genere una química saludable que influirá en nuestra energía, vitalidad y visión optimista del mundo.

No se trata de volvernos locos, no necesitamos dos horas diarias de gimnasio, pero cada uno debe buscar y encontrar su ejercicio. Puede ser caminar, correr, bailar, practicar yoga o ir en bicicleta. También puede ser un deporte de equipo, que supone socializar, y esto nos hace sentir bien. Podemos conocer a otras personas, otras historias y generar nuevas experiencias de vida que pueden ser de gran utilidad interior en determinados momentos.

10. Encuentra nuevas formas de estar

Te ayudarás si dices adiós al personaje que te hace daño y ves que tienes otras posibilidades, que puedes elegir, mientras dejas de exigirte o te obligas siempre a aceptarte.

EL ÉXITO, EJERCICIO DE REFLEXIÓN

¿Crees que eres una persona con éxito? Puedes reflexionar unos minutos acerca de ello y hacerte estas preguntas:

¿Eres una persona soñadora? ¿Eres una persona que cada comienzo de año se plantea objetivos ambiciosos y realistas? ¿Compartes tus sueños y metas? ¿Tienes la sensación de conseguir lo que te propones? ¿Sientes que evolucionas? Mirando atrás, ¿te sientes satisfecho con el recorrido hecho?

¿Te gusta disfrutar? ¿Te gusta hacer disfrutar? ¿Te gusta buscar y encontrar?

¿Eres una persona que ha dado continuidad a su vida? ¿Eres una persona que funciona de manera estable y regular (aunque sea con pequeños altibajos)?

¿Sientes que trabajando todo se consigue? ¿Sientes que el tiempo es útil? ¿Sabes adaptarte a las circunstancias? ¿Sabes ser espectador y quedarte en la barrera si la circunstancia así lo pide? ¿Sabes ser uno más? ¿Te sientes capaz?

¿Cómo llevas la frustración? ¿Qué haces con ella? ¿Y la paciencia?

¿Eres de naturaleza agradecida? ¿Eres de naturaleza optimista?

¿Te gusta tu vida? ¿Te gustan tus amigos y tu trabajo? ¿Te gusta tu situación actual?

Ahora, vuelve si quieres a dedicar unos minutos y pregúntate de nuevo: ¿crees que tienes éxito?

RECUERDA

! La autoestima es una cualidad que se va formando a lo largo de toda nuestra vida. No solo depende de la infancia, aunque en esta, por nuestra vulnerabilidad, cobra una especial importancia, pero en la vida adulta depende de nosotros y es nuestra responsabilidad trabajarla o no.

! La autoestima es lo que tú te valoras, es lo que sientes contigo, por eso te recomiendo que seas tu mejor amigo.

! La autoestima se va formando con las experiencias.

Cuantas más tengas, mejor; así aprenderás a superar los miedos, tendrás mayor fortaleza para afrontar los errores y los entenderás como aprendizajes.

! La autoestima está directamente relacionada con nuestra felicidad, merece la pena cultivarla toda la vida, tratarnos bien y atrevernos a vivir para crear un yo fuerte y sabio.

Capítulo 3

INTELIGENCIA DE VIDA

¿QUÉ ES LA INTELIGENCIA DE VIDA?

La inteligencia de vida es un motor importantísimo para vivir. Yo la defino como la unión de la inteligencia formal y racional con la inteligencia emocional y la inteligencia espiritual. La suma de todas, bien integradas y trabajadas, nos daría la inteligencia de vida, que vendría a poner «la **razón** al servicio del **corazón**», sería usar la cabeza al servicio de tu ser esencial, que incluye tu cuerpo físico y tus emociones.

¿Cuánto usas tu inteligencia?

¿Te has planteado alguna vez cuánto usas tu inteligencia a nivel cotidiano, es decir, en el día a día? Es más, ¿sabes cuál es tu cociente intelectual (CI)?

¿Sabes qué es la inteligencia emocional? ¿Sabrías decirme cuándo haces uso de la inteligencia en situaciones emocionales, situaciones críticas y/o difíciles?

Pongamos como ejemplo una situación en la que a veces

se nos olvida que tenemos superpoderes, una situación de crisis, sobre todo si se mantiene mucho en el tiempo o nos pilla desprevenidos. Si pasamos un momento o situación crítica, te informo de algo práctico que puede serte útil: existe una fórmula matemática para saber más o menos cuánto nos durará esa sensación de crisis. Esta fórmula es útil para comprender qué factores intervienen en las crisis y cuáles dependen de nosotros. Así podemos poner en marcha nuestros recursos para vivirla de una manera más amable y llevadera.

La fórmula matemática para poder abordar la duración de una crisis, cómo afrontarla, comprender las variables que intervienen y seguir el camino de la resiliencia sería:

«El grado, duración y tiempo de una crisis (C) o el tiempo de afrontamiento en el que nace la resiliencia (la capacidad de salir fortalecidos tras una crisis) dependería de la situación que nos ha producido el impacto emocional (S), es decir, lo que ha sucedido en nuestra vida más el tiempo real que dura lo que lo desencadenó (K), multiplicado por el impacto emocional que esto nos produce y la intensidad con la que lo vivimos (I), a su vez dividido entre la inteligencia de vida (IV) que en ese momento presentamos, desarrollamos, aprendemos o sacamos (que es la actitud y la combinación de inteligencia emocional e inteligencia racional).»

$$(S+K) \times (I/IV) = C$$

Por lo tanto, la fórmula de la resiliencia o de la salida de una crisis sería qué nos ha pasado, cuánto dura y cuánto impacto produce en nuestra vida, todo eso dividido y aliviado por las estrategias de inteligencia de vida que aprendamos, conozcamos y vayamos desarrollando. De manera que si nuestra inteligencia de vida es muy elevada, la resiliencia llegará antes y la crisis se superará de una manera mejor y más breve en el tiempo. Al igual que ocurre con la variable impacto emocional, que es capaz de magnificar las circunstancias que suceden.

No todo el mundo vive igual las mismas situaciones de vida que le suceden.

Esto significa que cuando sufrimos una situación de impacto emocional fuerte (que puede ser un problema familiar, una enfermedad, una pérdida de alguien, una ruptura sentimental, una gran decepción, la pérdida de trabajo) y esta tiene un tiempo variable o permanente, generalmente el cuerpo suele responder de dos maneras. Para afrontar las situaciones críticas, difíciles o con un impacto emocional elevado, o bien «da palos de ciego» como respuesta al estrés, o bien huye y se bloquea, no hace nada por miedo.

Es normal que el cuerpo quede tocado un tiempo hasta que uno pueda decidir con la inteligencia racional y emocional (que juntas conforman la inteligencia de vida) qué hacer con la situación que se le plantea en la vida.

Por lo tanto, mi breve recomendación es que, cuando sufras un impacto emocional, no te asustes si inicialmente haces cosas «raras» o te se sientes bloqueado. Es normal que (durante un tiempo prudencial) esto suceda. Posteriormente, fíate de tu inteligencia y elabora un plan lo mejor que puedas. Incluso es posible que te ayude dibujarlo o escribirlo, y en él describir lo que te gustaría que pasara, dónde te gustaría estar en un tiempo y lo que quieres conseguir: usa tu inteligencia y tus habilidades para planificar y pensar en futuro y busca los medios que te lleven a ello.

No subestimemos nuestra inteligencia, la que nos ayudó a aprobar razonando problemas o haciendo comentarios de texto. No solo nos ayuda a conducir, a trabajar o a memorizar: nos ayuda a afrontar y a sobreponernos a muchas adversidades, así como a superar las crisis y a crecer. Aprendamos de la inteligencia emocional para canalizar nuestras emociones, aprender a conocernos mejor y a encontrar el CAMINO.

Psicológico o real

¿Te has parado a pensar en la diferencia entre tener un problema real o tener un problema de origen psicológico?

Primera clarificación que me gustaría hacer: los problemas psicológicos se pueden convertir en un problema real. De hecho, es lo que suele ocurrir y finalmente, al igual que el impacto que supone un problema de origen real, el problema de origen psicológico suele ser muy dañino y limitante para quien lo vive. Dicho esto, mi intención es diferenciarlos, ya que el tratamiento, la comprensión y la forma de abordarlos son diferentes.

Psicológico

Un estado triste o depresivo por encontrarse sin motivaciones, sin objetivos, sin proyectos, quizá un tanto aburrido y «sin problemas», como comúnmente solemos decir, podría ser un ejemplo de problema leve de origen psicológico, independientemente de la vivencia individual.

Real

No sería lo mismo que sufrir un acontecimiento vital de gran impacto, como una enfermedad, un gran problema familiar o un fallecimiento, que produce una gran herida y genera una depresión asociada o un estado de malestar, desesperación y ansiedad.

En el primer caso hablaríamos de modo genérico de **problema psicológico**; es decir, la persona necesita volver a recuperar esas ganas de vivir, o incluso aprenderlas por primera vez con hábitos de vida saludable, de pensamiento, de actitud.

Nota aclaratoria: en cualquier caso, no todos los problemas psicológicos tienen el mismo origen. Algunos ejemplos de problemas psicológicos son:

- Baja autoestima/autoconcepto.
- Algunos tipos de ansiedad.
- Algunos tipos de estrés.
- Problemas de timidez.
- Miedos, inseguridades y fobias.
- Dificultades en habilidades sociales y relaciones personales.
- Dificultad para el reconocimiento y la expresión de emociones.
- Estados depresivos.
- Celos patológicos.
- Dificultad en la comunicación en pareja.

En el segundo caso, **problema real**, de modo genérico igualmente, estaríamos hablando de un acontecimiento vital impactante y limitante.

Un ejemplo podría ser asumir la enfermedad o el trastorno crónico de un hijo, cosa muy difícil de comprender, de aceptar y, con el tiempo, de ver qué calidad de vida tendrá la familia. En este caso uno puede decidir dejarse enfermar más allá de lo que supone la crisis, o uno puede decidir afrontarlo, abordarlo, aprender a atravesar este momento, superar, crecer y volver a creer en la vida situándose desde otro lugar, desde lo aprendido, desde lo superado. Porque es bien sabido que cuando una situación no se puede cambiar, nos encontramos ante el desafío de cambiarnos nosotros mismos. En esta decisión y discernimiento es donde entra en juego la aceptación, es importante invocar a la lucidez y a la inteligencia.

En este ejemplo, la persona tendría un problema real y, en consecuencia, una manifestación humana de alteración psicológica asociada a esa situación. Dicho en otras palabras: uno se enferma a veces por los hechos tan duros que le suceden. Lo que no quiere decir que uno no lo vaya a superar y a salir más grande y fuerte de ese conflicto si se lo propone.

> Ejemplos de algunos de los múltiples problemas reales que nos presenta la vida serían:
> - Alguien que fallece.
> - Problemas económicos.
> - Ruptura amorosa, ruptura familiar.
> - Enfermedad propia o de un familiar.
> - Problemas laborales/escolares (como el acoso).

Recuerda: Piensa, sueña, imagina y escribe dónde quieres estar... y ESTARÁS.

Tu salud emocional en 4 pasos

1. Tu interior

Mueve tu cuerpo, cuida tu salud, entrena tu cerebro, cuida tu crecimiento personal y la conexión contigo. Haz un listado de cosas que podrías implementar para tu salud y que desees hacer: dormir, comer sano, deporte, cocinar, aprender algún idioma, hacer *mindfulness*, aprender a expresar emociones, y regálate esos momentos y cuidados de vida.

2. Tu entorno

Observa de qué personas te rodeas, qué conversaciones escuchas, de qué temáticas sueles hablar. Observa qué tipo de ambiente buscas o deseas tener y decide si es realmente donde quieres estar o si puedes hacer algo para que cambie. Haz un sencillo ejercicio y actúa como la persona que te gustaría ser en ese espacio.

3. Tus hábitos

¿Qué haces habitualmente, a qué dedicas la mayor parte de tu tiempo? ¿Hay algo que te gustaría cambiar? Haz un listado breve, sencillo y realista de cosas que te gustaría incorporar, variar o eliminar en tu vida y proyéctate hacia ello.

4. Tu mente

¿Qué piensas? ¿Qué te dices? ¿Qué pensamientos son los más frecuentes en tu cabeza? ¿Tienes sueños? ¿Sabes cuáles son? ¿Tienes miedos? ¿Los tienes identificados? ¿Cuánto ocupan en ti tus miedos?

Para trabajar tu mente es fundamental que seas realista y que pienses en positivo, viendo las opciones que tienes y eligiendo aquella que más te vaya a ayudar. Sé amable contigo mismo, sé tu mejor amigo incluso desde el pensamiento. Haz el sencillo ejercicio de escribir todos los días algo que te gustaría que te sucediera: vivir en paz, ser feliz, superar la crisis. Concéntrate en eso. ¿Tienes tu foco de atención donde quieres? ¿Estás trabajando en afirmativo tu pensamiento en presente? ¿Estas agradeciendo? Pruébalo durante al menos 21 días. Escribe en positivo por la mañana lo que deseas atraer de ti ese día, y por la noche lo que agradeces al día o los momentos mágicos que has vivido. Dale esta oportunidad a tu pensamiento y observa lo que empieza a suceder en ti.

Veinte sugerencias para una educación emocional saludable

Para tener una educación emocional saludable, primero tendremos que aprender las claves del desarrollo emocional.

1. Reconocer y nombrar lo que estás sintiendo

Quiero insistir mucho en este punto porque es la base de toda inteligencia emocional y, por lo tanto, de la inteligencia de vida. Comienza poniendo atención a las sensaciones que tienes: picor, hambre, dolor, frío, sueño. Es una manera muy saludable y accesible de poder bajar al cuerpo y tomar contacto con él.

2. Atender a las emociones diarias y aceptarlas

Lo haremos desde una perspectiva muy sencilla: cómoda o incómoda. Las emociones no son malas ni buenas, no quieren ser nuestros ángeles ni nuestros demonios, no son positivas o negativas. Son una respuesta cerebral a una situación externa o a un pensamiento y que se traduce en algo que sentimos y necesitamos acoger, depurar y gestionar. Como punto principal, no rechaces tu emoción: se hará más grande porque necesita ser reciclada y acogida en su justa medida. Tampoco la mires continuamente ni le construyas un palacio porque crecerá mucho y creerás que es la dueña de tu casa. Acógela, respírala y déjala marchar cuando sea el momento.

3. Permítete sentir la emoción y respirarla

No hagas nada por retenerla o forzar que se marche, durará lo que haga falta. Sin necesidad de intervenir para cortar o racionalizar la emoción, dejaremos que la emoción esté en nosotros y la respiraremos. Esto hará que podamos reconocerla, aceptarla e integrarla con amabilidad y calma. Recuerda que la emoción comienza y llega hasta un pico de intensidad y luego se va desvaneciendo si nuestro pensamiento no nos traiciona, si la acogemos, aunque no sepamos ponerle nombre, como algo natural. Termina por desvanecerse y con la respiración la ayudamos a depurarse. Esta será nuestra ancla: respirar las emociones que sentimos y que nos hacen «tambalear».

4. Técnicas mindfulness de atención plena y calma, o técnicas de respiración

Te ayudarán a vivir el mundo emocional de una manera más consciente. Conviene recordar que todas las emociones son lícitas. Enfadarse tras una frustración es normal. No se trata de negar la emoción o reprimirla. Lo que sí tenemos que atender y aprender es a gestionar y a controlar externamente las manifestaciones agresivas de esta ira. Uno de los puntos para vivir en conexión con uno mismo es el cuerpo. El cuerpo necesita ser habitado, sentido y cuidado. El cuerpo también necesita descanso, mental, físico y espiritual.

Por eso recomiendo parar un poquito cada día, respirar conscientemente al menos cincuenta ciclos (inhalar y exhalar), meditar (entre quince y veinte minutos diarios), descansar treinta minutos de siesta, leer algo agradable, tocar un instrumento, pintar o realizar alguna actividad creativa o manual, correr, bailar, moverte, hacer yoga, estirarte, nutrirte, etc. Cualquier actividad que permita a tu cuerpo parar y oxigenarse física y mentalmente será un regalo esencial para ti.

5. Reflexión y comprensión

Una vez pasada la tormenta emocional es el momento de atender a la reflexión y la toma de conciencia de lo que ha sucedido. Comprender lo que hemos vivido con la experiencia ayuda muchísimo a ampliar la mirada y poder aceptar e integrar lo que ha sucedido.

6. Elegir una acción responsable

En este punto valoramos y decidimos la acción que nos ayude a responder y a elegir lo que queremos hacer, en lugar de reaccionar. Porque ahí está uno de los grandes valores de la comprensión y la gestión de las emociones. Nosotros nos sentiremos responsables y dueños de nuestras respuestas. No viviremos nuestras acciones como reacciones viscerales que nos salen de la parte más animal como mecanismo de defensa.

Un indicador de madurez se da cuando realizamos acciones que se ven reflejadas como un acto meditado y pensado a partir de lo que se siente.

Adquirir conocimiento acerca de nuestras emociones, comprenderlas, aceptarlas y trabajarlas con respiración, con pausas antes de responder para poder dar unos segundos a nuestro cuerpo y saber si es lo que queremos realizar. Esto nos ayuda a vivir en consciencia, a tener menos impulsividad, a mejorar nuestras relaciones y a elegir sobre todo aquello que queremos que sea dicho o hecho. Esto indirectamente favorecerá nuestra confianza, nuestra seguridad y estima.

7. El desarrollo de la empatía

Ponernos en el lugar del otro es algo que nace de la educación en emociones y tiene un gran componente social. Nacemos con esa necesidad de estar conectados. Más adelante, con nuestras capacidades cognitivas y de pensamiento, se convierte en querer comprender y ponerte en el lugar del otro. Es la capacidad de entender lo que le sucede sin juzgar, sintiendo lo que alguien puede sentir para poder acompañarle desde tu lugar.

En la vida hay personas altamente empáticas, algunas hasta se pierden en las emociones del otro, y por eso, en ocasiones, tienden a protegerse. Lo importante es conservar esa belleza, ese regalo, pero aprender a manejar la empatía desde nuestra propia individualidad; es decir, acompañar, comprender, estar, pero sin perder nuestro ser, nuestras emociones y nuestra perspectiva. Lo que en psicología llamaríamos «sin perder nuestro centro de referencia».

8. Aprende a reconocer y a nombrar tus emociones

Aprender y formarse en emociones es una preciosa tarea y requiere de atención, madurez, formación, autoconocimiento y amor. Puede incluso resultar una tarea divertida aprender cada día una o dos emociones nuevas y compartirlas con la familia, por redes sociales, entre amigos. Otra divertida tarea con esas emociones nuevas que estamos aprendiendo puede ser usarlas u observarlas a diario. Debemos fijarnos en cuánto las sentimos y cuánto las nombramos o si hablamos de emociones, y cuántas veces. Todo sin juzgar, desde la amabilidad y como un juego para potenciar nuestra amplitud en conocimiento emocional.

9. Escucha con atención

Uno de los grandes aprendizajes de la educación emocional es aprender a escucharse y a escuchar a los demás, en una actitud abierta, sin juzgar. Solo estar presentes, atendiendo con amor, ya resulta emocionalmente muy educativo. Imaginemos un mundo en el que la gente nos preguntara si queremos que nos escuchen, si estamos bien, si pueden hacer algo por nosotros.

10. Deja espacio a la emoción

Conviene recordar que todas las emociones son importantes y tienen su función vital. Enfadarse tras una frustración es normal, igual que saltar de alegría tras una buena noticia o un regalo.

11. Propicia aprender a encontrarte con la calma y el equilibrio

Una vez pasada la tormenta emocional es el momento de apoyar, de reflexionar tomar conciencia de lo que ha sucedido. Se puede apoyar con preguntas del tipo «¿Hablamos de lo que ha pasado?» e ir analizando si hubo consecuencias, o cómo lo harías ahora si volviera a suceder. Aquí es importante apoyar la educación sin juzgar. Hay que tener en cuenta que estamos aprendiendo.

12. Establece pequeños compromisos contigo

Une el crecimiento y el desarrollo internos. De esta manera observarás signos en los que puedes ir reconociendo de forma externa esa madurez, a través de las acciones que realizas a partir de lo que sientes. Es clave ayudarnos a nosotros mismos o a otro, al que estamos enseñando, a realizar pausas que permitan actuar con menos impulsividad y tomar decisiones con algo más de calma y perspectiva. De esta forma uno puede empezar a actuar después de escucharse a sí mismo.

13. Aprende a expresarte

Si nos cuesta ir a la emoción o detectamos que alguna no está presente y creemos que sería adecuada, podemos —como estrategia— recurrir al drama y teatralizar o «ficcionar» para conectar con aquello que necesitamos depurar. Las emociones no depuradas se quedan enquistadas en forma de otro tipo de señales que pueden ser contracturas, falta de energía, estrés, ansiedad o cualquier otra forma de somatización corporal.

Nuestro cerebro emocional siente y emite una respuesta en forma de conducta. Como seres humanos, tenemos la capacidad de decidir qué hacer con ello. Por ejemplo, tú puedes sentir enfado e incluso ira, pero en ese momento no es conveniente expresarla porque no quieres tener consecuencias de las que te puedas arrepentir. Puedes conscientemente guardar la expresión que el cuerpo te pide, pero después busca un momento (deporte, ocio, meditación) para desahogarte y gestionar lo que está dentro de ti, digerir lo que sucede a tu alrededor. La emoción necesita digerirse y procesarse.

14. No niegues tus emociones

A pesar de que los lloros, la tristeza, las rabietas, los enfados te puedan resultar incómodos, hay que vivirlos. Es lo más saludable para el organismo y nuestro bienestar, aunque a veces nos parezca lo contrario.

15. Es importante saber que no existen emociones positivas ni negativas

Las emociones son lo que son. Otra cosa es que nos resulten más o menos cómodas. También son diferentes las interpretaciones que damos personalmente a cada una de ellas.

16. Ayúdate buscando ayuda

No pasa nada porque acudas a alguien que te ayude con tus emociones. Puedes acudir tanto si estas te generan dificultades como si es porque quieres crecer y aprender más de ello. No nacemos sabiendo de autorregulación, ni de empatía, ni de intuición. Es muy difícil seguir cultivando momentos de disfrute personal y máxime cuando entramos en etapas de la vida cada vez más complejas, ya que pasamos a un mayor estado de responsabilidad y «quehaceres» que nos llevan a veces a olvidar y a adormecer nuestra esencia.

Estos ratos pueden ser de familia, amigos, formación, ocio, cine, deporte, viajes, voluntariado, etc. Algo que interiormente conecte con tu esencia y te haga sentir vivo, en casa, conectado y sabiendo que te quieres y te cuidas. Ese es un maravilloso regalo de vida.

17. Lo que hagamos para nosotros se verá reflejado en el entorno

Es muy bello cuando uno conecta con esa conciencia social de que la energía se expande. Lo que cambiemos en nosotros, nuestro propio amor, la compasión con nosotros, la amabilidad para nosotros, no es egoísmo; al contrario: es nutrirnos de verdad, desde el corazón. Solo desde ahí se puede entregar uno en esencia y con todo lo mejor que puede ofrecer al mundo sin sentir un desgaste o una descompensación en la vida. Comienza por atenderte a ti y luego muéstraselo al mundo como ejemplo. Una vez tú estés bien y seas feliz de verdad, querrás hacer felices a los demás. Recuerda que las emociones las podemos reconocer en los demás en tanto que las reconocemos en nosotros.

18. No perder la alegría interior

Personalmente, creo que, para tener un estado alegre y entusiasmado en el camino diario es vital seguir emocionándonos con cosas, o crearlas. Pueden ser grandes proyectos laborales, de hogar, viajes, etc., pero también nos pueden emocionar y hacer muy felices cosas más cotidianas, como compartir un helado, hacer galletas en familia, salir a un sitio nuevo de senderismo, tomar un aperitivo, jugar a las cartas, leer un libro, un beso, una conversación y mucho más. Es precioso sentirse una persona plena, completa y feliz a pesar de los malos momentos que también nos trae la vida.

> *Un secreto de las personas alegres y felices es la «perseverancia». Trabajar, construir y seguir el camino que nos lleva a las cosas, esto nos trae ventura.*

Una característica de esa alegría interna que nutre nuestro corazón es la actitud de generosidad y agradecimiento en la vida. Sentirse agradecido, satisfecho, lleno, completo y abundante es de los mejores estados de plenitud del ser humano. Si a eso le sumamos el maravilloso valor de la generosidad y descubrimos lo bonito que es darse y ofrecerse con lo mejor de nosotros, descubriremos el propósito de vida, estaremos transitando el camino que nos lleva a las cosas, el camino de la felicidad.

Otra cualidad tan fundamental es la confianza, divina actitud que nos permite avanzar de una manera tranquila. Nos permite vivir, arriesgarnos, saltar, soltar y mucho más. La confianza nos permite sentir, además, que cada paso que damos supondrá un avance hacia una evolución y mejora para nosotros.

19. Aprende a manejar la frustración, a aceptar los límites o limitaciones

En muchas ocasiones no hemos tenido educación emocional, pero no por eso nos vamos a convertir en víctimas eternas. Cuando somos adultos nos responsabilizamos de nuestra evolución. Siempre podremos reciclar y aprender, y tratar aquello que deseamos incorporar a nuestra vida. Los límites sanos nos enseñan a crecer y a aceptar la vida de manera saludable. Entender las limitaciones no es quedarnos parados sin hacer nada. Entender las limitaciones humanas es ser inteligente y probar otras cosas o cambiar el foco y la dirección.

20. La importancia de la comunicación

La educación emocional no podría existir sin comunicarnos. Lo avancé unas páginas atrás (y lo desarrollaré aún más en el siguiente capítulo): somos seres sociales, necesitamos comunicarnos, sentirnos entendidos, expresarnos, contar. Así que propicia esto en tu vida. Una comunicación asertiva, saludable, una expresión natural y una escucha amorosa hacen que nuestra vida sea mucho mejor.

Recuerda que el ser humano necesita relacionarse, a pesar de que, en un principio, puedas creer que las relaciones generan problemas, son incómodas o que la gente está *pallá*, lo cierto es que necesitamos relacionarnos para estar bien químicamente. Porque el ser humano es social por naturaleza, es lo que le pide su constitución para estar equilibrado. Al no saber gestionar las emociones ni la comunicación con el otro, lo evaluamos como problema y tendemos a evitarlo. Te animo a que aprendas y te desarrolles en ello, y así verás cómo es la vida desde ese nivel.

Una metáfora muy real

Te contaré una curiosa historia que me encanta y sirve para comprender cómo funciona nuestro ser. Además, puede darte siempre una visión clara de qué es lo que debes atender y abordar en cada momento de tu vida.

Para comprender la dinámica interior del ser humano, vamos a usar una analogía que es una ligera variación de una usada por el filósofo griego Platón hace más de dos mil años. En ella compararemos al ser humano con un conjunto formado por un carruaje, un caballo que tira de él, un cochero que lo dirige y el amo y señor, que va sentado detrás.

El carruaje representa el cuerpo físico; el caballo, las emociones; el cochero, la mente, y el señor, la esencia de lo que somos verdaderamente, algo así como el corazón, cualquiera que sea el nombre que se le dé: conciencia superior, alma, ser, maestro interior, guía, etc. El conjunto físico, emocional y mental constituye lo que a menudo llamamos «personalidad» o «ego». En esta obra utilizaremos los dos términos indistintamente.

Imagina un carruaje llevado por caballos, en el que el cochero es tu mente, el carruaje tu cuerpo, los caballos tus emociones y tú eres el viajero que comunicas al cochero tu objetivo. Para viajar bien, hacen falta los tres e iremos bien mientras entre ellos se mantenga el equilibrio. Sin embargo, para conocer la meta del viaje necesitamos al viajero. Solo él sabe a dónde vamos, solo él sabe el objetivo del viaje. Él es quien da sentido a este viaje.

El cuerpo físico: el carruaje

Según esta analogía, el estado en que se encuentre el cuerpo físico —el carruaje— no solo depende del mantenimiento que le procure un cochero inteligente, sino también de la forma en que lo lleve el caballo. Así pues, dado que el estado del cuerpo físico se puede observar y evaluar con facilidad, nos dará preciosas indicaciones respecto al grado de dominio del cochero sobre el conjunto formado por el caballo y el carruaje.

Las emociones: el caballo

Las emociones son las que inician el movimiento y lo hacen a través del deseo. Por eso, en esta analogía, el caballo representa las emociones: es él el que posee la energía necesaria para tirar del carruaje. Así pues, es un elemento básico para poder realizar el viaje.

La mente: el cochero

La mente es la sede de los procesos del pensamiento. Gracias al desarrollo de su inteligencia, las funciones del cochero son, en principio, las siguientes: *a)* transmitir a su amo y señor las informaciones procedentes del exterior; *b)* entender sus directrices en respuesta a las informaciones recibidas; *c)* ser capaz de dominar el caballo y llevarlo en la dirección que el amo le haya indicado en su respuesta, y *d)* cuidar con eficacia del carruaje.

Así pues, resulta fácil comprender hasta qué punto influye el papel de la mente, no solo porque es el vínculo entre la consciencia y el ego, sino porque a través de ella el ego expresa en el mundo la voluntad del señor, que es el «maestro interior». Subrayemos que esta analogía pone de relieve un elemento básico relativo a las emociones, y es que el comportamiento del caballo depende sobre todo del modo en que sea dirigido por el cochero. Eso significa que los diversos estados emocionales en realidad dependen en gran parte de los pensamientos y no de lo que ocurre en el exterior, como solemos creer.

En la actualidad es posible que muchos de nosotros estemos llevando este carruaje casi sin comunicación entre la mente y el espíritu. Es importante que funcionemos desde el corazón en comunicación con la cabeza de una manera fluida y que pongamos la cabeza al servicio de nuestro corazón, de nuestro SER que sabe.

El funcionamiento general actual

Hasta ahora, a lo largo del camino de la evolución, el conjunto formado por el carruaje y el caballo lo ha dirigido un cochero relativamente aislado del señor, pues apenas había desarrollado la capacidad de entrar en contacto con él. Esta desconexión con nuestro ser más elevado hace que el carruaje tenga mucha potencia y poco control.

Sin la sabiduría y el discernimiento del maestro interior no es capaz de llevar a cabo sus funciones de manera eficaz, armoniosa y creativa, ni de controlar correctamente el caballo, que más bien le domina a él casi siempre. El caos y las dificultades cotidianas que vivimos hoy en día proceden del mencionado funcionamiento que tenemos actualmente.

Estas emociones conscientes o inconscientes manipulan nuestra mente racional. La vida se convierte en un mar de lucha y de incongruencias. Se piensa que la mente racional es la única base de la inteligencia, desprestigiando el gran potencial de las emociones. Tenemos un carruaje llevado por partes separadas: las emociones van por su camino, la mente por el suyo y el espíritu está desconectado de todo.

El funcionamiento ideal

Según dicho modelo, el funcionamiento ideal del ser humano sería el siguiente: el señor (el ser), portador del conocimiento y de la sabiduría, transmitiría sus directrices al cochero (la mente) en forma de ideas que él, despierto y abierto, transformaría en pensamientos inspirados, necesarios para la ejecución perfecta de la voluntad del dueño del vehículo.

La voluntad del cochero y la del dueño serían una sola y única voluntad. El contacto entre ambos sería tan directo y enriquecedor que permitiría al cochero actuar con la inteligencia y la competencia necesarias para tener un dominio perfecto del caballo (las emociones). Además, dirigiría con armonía y eficacia el conjunto formado por el carruaje y el caballo, lo guiaría por el camino designado por el señor —que es el único que lo conoce— sin extraviarse por sendas peligrosas ni callejones sin salida.

El caballo, perfectamente dirigido, actuaría con toda su fuerza (potencial emocional disponible por completo) y tiraría del carruaje con rapidez, armonía y eficacia (máximo potencial creador). Si a esto se añadiera una conducción inteligente, se conseguiría el buen estado del carruaje (buena salud y mucha energía física). De este modo, el conjunto formado por los sistemas mental, emocional y físico podría expresar perfectamente en el mundo material/real la voluntad del alma/espíritu, nuestra esencia, el ser, esa inteligencia del corazón que poseemos. Así se manifestarían de un modo concreto las elevadas cualidades del corazón y del espíritu que el dueño del carruaje (el alma/espíritu/corazón) porta en sí: inteligencia superior, sabiduría, compasión, inspiración y otros muchos valores de vida.

En el camino en esta nueva era de la consciencia en la que nos estamos adentrando como sociedad, tenemos que unificar todos estos aspectos y descubrir una fuente de inteligencia e inspiración mucho más elevada. El llamado «cociente intelectual» ya no sirve para comprender toda nuestra inteligencia, pues a menudo un alto rendimiento en este aspecto no hace a las personas más exitosas, más felices o *más creativas*. Con el paso de los años y desde la década de 1960, se empezó a hablar de la inteligencia emocional. Los individuos que son capaces de reconocer y expresar sus emociones pueden llevar una vida dichosa, pueden comprender de qué modo se sienten los demás y pueden crear y mantener relaciones interpersonales satisfactorias y responsables sin convertirse en seres dependientes. Tienen una visión positiva de sí mismos, así como actitudes y potencialidades. Son personas realistas y optimistas que consiguen resolver bastante bien sus problemas y afrontar el estrés sin perder el control. Este tipo de inteligencia difiere mucho de lo que se valora habitualmente en los test de CI, pero ambos aspectos son muy necesarios para una completa inteligencia de vida, que es lo que se conseguiría en un perfecto equilibrio entre las distintas partes del carruaje.

Recuerdo el caso de A, que no sabía por qué las cosas no le salían bien, no entendía lo que le pasaba, no comprendía cómo la gente no veía lo que para ella era obvio. En muchas ocasiones había una conducta en ella que hacía que, durante varios pasos, el carruaje funcionara coordinado. Entonces aparecía un estímulo externo o interno que iba directamente del cerebro al impulso reactivo, no pasaba por la cabeza, ni por el corazón, por lo que sus reacciones eran eso: reacciones, algo absolutamente automatizado, sin reflexión.

Que tuviese razón o no al final quedaba en un segundo plano, pues perdía tanto los papeles y las formas en modo de explosión emocional, que arrasaba con todo a su alrededor. Después se sentía muy mal y acababa culpándose, o acababa culpando al resto, y así pasó media vida.

Vino a verme por un problema concreto: sentía que su marido no la quería, sentía que tenía temas sin tratar de su pasado, sentía una crisis y quería saber si el divorcio era lo que ella deseaba.

En este caso descubrimos su funcionamiento al muy poco de iniciar las sesiones y fue para ella una gran revelación. De repente comprendió, vio dónde estaba su responsabilidad para poder tomar una decisión u otra, entendió que la vida podía ser mucho más sencilla. Descubrió que ella era la que podía decidir si divorciarse o no, pero comprendiendo lo que sucedía y actuando en consecuencia y no simplemente como reacción. Vio de qué manera proyectaba horrores en la otra persona y tendía a identificarse con la figura de la víctima en cada momento.

Una vez abiertos los ojos y habiendo conectado con ella misma, solo faltaba la otra parte. Ahora debía aprender y entrenarse en gestionar y coordinar cabeza y corazón, llevando el carruaje bien cuidado y coordinado.

En algunos casos, A se manifestaba como alguien que no conecta con la tristeza en su día a día. Actuaba siempre de forma muy vital, optimista, positiva, alegre, pero había somatizado muchísimo con hipertensión, ansiedad, desmayos, taquicardias. Se observaba una desconexión con ella misma, un olvido de su propia atención, compasión y amabilidad, su autocuidado y su respeto que luego proyectaba con rabia hacia su marido y hacia las circunstancias de su vida.

Es necesario saber que la persona está compuesta de todas las emociones, pero el aprendizaje a veces nos impide verlas. En este caso, A había aprendido que estar triste no es muy sociable, no atrae a la gente, no es tan atractivo, no resulta tan reforzante. Y ocurre que personas muy sociables, muy alegres y vitales muchas veces no conectan con la tristeza y la suelen dejar en último lugar, para luego, para otro rato, o incluso no notan que se cargan con el día a día, con su derroche de energía sobreatendiendo a los demás, cuidando a todo el mundo, «tirando» de su energía vital sin recargarla porque no se escuchan a sí mismas. En ocasiones solo perciben esa descarga cuando llegan al límite y puede que hasta sientan somatizaciones, explosiones de ira, estrés o cierta ansiedad.

En estos casos suele ser muy útil detenerse y pensar cuándo fue la última vez que escuchaste a tu cuerpo, que observaste tu postura, tu musculatura. Cerciórate de cuándo fue la última vez que estuviste un rato a solas, en silencio mental, en conexión contigo, o que respiraste profundamente, meditando, o que lloraste.

A descubrió y aprendió con el tiempo lo importante que es atenderse, quererse, ponerse como prioridad, que no significa ser egoísta, significa ser compasivo y amoroso con uno mismo. Cuando uno se atiende, es capaz entonces de tener energía para poder atender de verdad a los demás y no correr el riesgo de quedarse con la batería a cero, somatizar y entrar en crisis porque el entorno se convierte en una carga y en un problema que no sabemos resolver.

Necesitamos parar y conectar con nosotros, atender a si sentimos tristeza, si necesitamos llorar o reír o gritar. ¿Cómo hacerlo? Una de las técnicas más útiles a las que recurrir es, como avancé antes, el drama. Usarlo como herramienta consciente, para poder volver a conectar con una emoción que está deseando salir y liberarla, y de esta manera desbloquear el cuerpo, con lo que coordinamos cabeza y corazón.

Sentir es algo normal, humano, saludable. Pero es todo un arte (que debemos aprender) el integrar esto en nuestra vida y el saber qué hacer con ello.

Al final, A tomó las decisiones que su cabeza y su corazón en sintonía le dijeron que tomara, algo con respecto a lo que ella se sentía en coherencia y segura. Aprendió a tenerse en cuenta y a poner especial atención en este aspecto que tendía a olvidar, y siguió caminando por el sendero de la vida.

EJERCICIOS PRÁCTICOS

Hazte un regalo y conecta contigo

Sintonízate, escucha tu melodía interior. Respira, escribe, sal, camina, muévete, corre, duerme, observa, pasea, siente y regálate tu presencia. Si conectas contigo, será muy fácil que lo puedas hacer con los demás. Si te atiendes, será un regalo para todos y también podrás atender. Si te cuidas, estarás cultivando en el jardín de tu vida.

Ríe y aprovecha cada ocasión que puedas

El sentido del humor es maravilloso, como lo es esta costumbre tan de nuestra cultura de sacarles el punto de humor a las cosas. Da igual con lo que sea: un chiste malo, un meme, una broma interna. Démonos cuenta de lo extraordinario que es sonreír a las personas, sonreírse a uno mismo, darse ese lujo de tener esa sonrisa interna y además manifestarlo con la comisura y la expresión de la boca. Sé cómplice de tu actitud de sonrisa interior cuando recuerdes cosas que te hacen o te hicieron reír. Aprovecha y ríete siempre que puedas y con el estilo que tengas: silencioso, a carcajadas, llorando. Existen muchísimas propiedades saludables de la risa y la sonrisa. Ríete todo lo que puedas. Es muy beneficioso para el organismo, genera una química cerebral que favorece un buen estado de ánimo, mueve las vísceras —¡dándoles un masaje!—, interviene en la oxigenación de nuestros tejidos, propicia belleza facial, relajación muscular, suprime tensiones internas, favorece la eliminación del estrés y mucho más. Te propongo un juego para ti y para tu familia: recordad aquella vez que tanto os reísteis y recreadlo durante un rato en la mente. Observa además cómo te sientes y cómo se sienten los demás mientras lo pensabais y después. ¿Os hace sonreír?

Un toque de color a tu vida

¿Sabías que cada color estimula algunas capacidades cognitivas? ¿Y que los colores pueden intervenir en nuestro estado de ánimo? Por ejemplo, el amarillo es energía, representa al sol, el calor, la vida y la vitalidad. Y no solo eso: es uno de los primeros colores que podemos ver de bebés, y, a su vez, uno de los que más estimulan el intelecto y favorecen la concentración. ¿Te gustan los colores? ¿Los usas en tu vida, en tu ropa, en casa, en tu lenguaje?

Cinco minutos

Puedes practicar este ejercicio cuantas veces desees al día y durante las semanas que quieras. Es estupendo para hacer pequeños descansos de actividad continua y así bajar el ritmo interno, mejorar nuestras sensaciones físicas o simplemente para disfrutarlo. Siéntate en un lugar cómodo, comienza respirando unas cuantas veces con los ojos entreabiertos o cerrados para entrar en dinámica.

Después de unas diez respiraciones, regálate «las tres eses»:

Suelta: haz un recorrido por tu cuerpo soltando la tensión que pueda haber en cara, cuello, piernas, manos, hombros, entrecejo, boca.

Sonríe: sonríe con la cara y sé tu cómplice de este regalo. Traslada esa sonrisa a tu cuerpo, sonríele a cada parte de tu cuerpo, que eres tú.

Siente: respira y siente tu cuerpo tal y como esté en ese momento.

Disfruta de este espacio creado solo para ti.

! La inteligencia de vida es la suma de la inteligencia racional y la inteligencia emocional. Ambas son predictoras de nuestra felicidad verdadera.

! Somos cuerpo, alma y cabeza, y necesitamos que todos estén cuidados, atendidos, a punto y coordinados para que nuestro ser funcione con coherencia, equilibrio y conexión.

! Usa muy bien tu cabeza: necesitas desarrollar tu inteligencia y ponerla al servicio de tu ser, tu corazón y tu propósito de vida.

Capítulo 4

RELACIONES SALUDABLES

*Dedicado a aquellas personas
que sin intención herimos.
Dedicado a aquellas personas cuya
opinión enriquece mucho al mundo.
Dedicado a aquellas personas que
aportan sus criterios en la vida.*

Los buenos amigos son *buenos* para tu salud.
IRWIN SARASON

¿POR QUÉ QUEREMOS RELACIONARNOS?

El ser humano es social por naturaleza, forma parte de su idiosincrasia el relacionarse. Esta es una idea fundamental en la que debemos insistir porque encierra una gran importancia para nuestra vida e incluso para nuestro día a día. Sin ir más lejos, el ser humano necesita oxitocina para ser feliz, y esta hormona se produce con la relación social, con el tacto, con el trato de amor, con el recuerdo de las personas a las que queremos, con los buenos deseos hacia los demás, con la amabilidad. Además, sencillamente, no podemos evolucionar como especie si no nos relacionamos. Desde que nacemos tenemos una impronta característica de elegir el sonido de la voz humana frente a otros, de elegir los estímulos faciales frente a otros, de activar nuestras neuronas en espejo para imitar y ser como el otro.

Nuestra personalidad se forja en el seno de relaciones sociales. Son un medio para satisfacer objetivos personales y una fuente de la que nutrir nuestras necesidades básicas. Son imprescindibles el contacto físico, la intimidad y la pertenencia al grupo. Eso nos da una seguridad enorme y nos tranquiliza.

El apoyo social es uno de los factores protectores más grandes que existen para todo tipo de alteraciones. En cambio, la falta de relaciones o el aislamiento social están muy relacionados con trastornos y malestar psicológico. Así, las relaciones sociales son tan esenciales para nuestro desarrollo y tan beneficiosas que pueden retrasar o minimizar la aparición del deterioro cognitivo.

Tener interacciones sociales y mantener una red activa de amistades se relaciona con numerosos factores de salud. Las personas con mayor actividad social suelen tener un índice más bajo de depresión, de frecuencia de enfermedades, mejor funcionamiento inmunológico o menor riesgo de infarto.

Al parecer, la manera de relacionarnos socialmente puede ser una forma de enriquecimiento intelectual. Una vida social rica nos aporta retos cognitivos mediante la conversación, al tener que atender a qué nos dice el interlocutor y recordar información relevante. También hace que entremos en conflicto con otras personas, mejorando así nuestra capacidad de resolución de problemas. Hacer planes, establecer metas comunes o anticipar reacciones de los demás nos da la posibilidad de mejorar las funciones ejecutivas.

Las relaciones sociales contribuyen al incremento de la reserva cognitiva, que es esencial para la evolución de nuestro cerebro. Así, las relaciones que nos reconfortan nos aportan nuevos puntos de vista, nos ofrecen apoyo emocional y la posibilidad de hacer planes; son una fuente enorme de recursos para afrontar el estrés.

¿Quién no se ha sentido mejor después
de una tarde con amigos de verdad?

También nos ayudan a mantener un estilo de vida más activo y saludable. Según un estudio, cuando interactuamos con otros tendemos a adaptarnos a normas sociales y a involucrarnos en actividades más sanas. Como es comprensible, un estilo de vida saludable también es beneficioso para nuestro cerebro y nuestras capacidades cognitivas.

De ahí que áreas como la neurociencia social centren su interés en esas otras «sinapsis», relación química entre neuronas, las comprendidas entre los procesos mentales y nuestras prácticas sociales.

NEUROCIENCIA SOCIAL

El cerebro humano no es algo inmutable. Como cualquier otro músculo, es capaz de evolucionar, de adaptarse a las circunstancias. Puede mejorar si se ejercita correctamente, pero también podría atrofiarse si no lo utilizamos como debemos.

La ciencia ha llamado a esto «neuroplasticidad». Nuestro cerebro cambia anatómica y fisiológicamente en función de las actividades intelectuales que desarrollamos.

Una persona que realice actividades intelectuales con frecuencia desarrollará aquellas áreas del cerebro vinculadas a la comprensión, la lectura, el lenguaje o la memoria a largo plazo mucho más que una persona que jamás ha abierto un libro. En cambio, la actividad de un deportista profesional potenciará las zonas asociadas a los reflejos, la memoria de trabajo, la vista o el oído.

No resulta descabellado pensar que si el cerebro cambia cuando aprendemos «por cuenta propia», lo hará también cuando nos relacionemos con otras personas.

La neurociencia ha descubierto que las habilidades sociales no solo definirían nuestra personalidad, es decir, cómo nos vemos a nosotros mismos o a ojos de los demás, sino que también irían moldeando nuestro cerebro, tanto positiva como negativamente. Pero no debemos olvidar que toda moneda tiene dos caras. La ciencia probó hace mucho que las actitudes y los sentimientos negativos como la envidia, la misantropía o la pereza también modifican nuestras redes neuronales, aunque, en este caso, atrofiándolas. Por eso debemos tomar conciencia y atender a aquello que queremos estimular y hacer crecer en nuestra mente y cerebro.

Las relaciones sociales, y en especial nuestro círculo de apoyo, son un factor protector de un valor enorme para nuestra salud general.

Las neuronas espejo, un descubrimiento revelador de la neurociencia, nos han ayudado a comprender el comportamiento de los demás. Son las células que nos caracterizan como ser humano, las que nos permiten imitar determinadas acciones para aprender, además de ayudarnos en la interacción social.

La neurociencia social, que estudia precisamente esa relación entre las reacciones químicas de nuestro cerebro y nuestra interacción con los demás, ha especificado distintos procesos que, a la postre, acaban conformando el desarrollo de nuestra mente y personalidad:

1. Teoría de la mente. Este concepto hace referencia a nuestra habilidad cognitiva para comprender y predecir los comportamientos de los demás. Asimismo, el ser humano también es capaz de predecir «estados mentales» en quienes nos rodean para usar esa información en nuestro beneficio.

2. Empatía y emociones. El estudio de las emociones es un pilar fundamental para entender nuestras cogniciones sociales y comportamientos.

3. Autoconciencia. La propia autoconciencia no podría acontecer y formarse en cada uno de nosotros si no nos relacionáramos con los demás. Nuestras interacciones y los juicios que hacemos de estas forman una parte vital de nuestro sentido del yo profundo.

4. Actitudes y prejuicios. Estas dimensiones tienen una relevancia esencial en nuestras vidas sociales e identidades.

5. Relaciones sociales y mundo social. Educación, economía, política, medicina, publicidad. Son las piezas del puzle que forman lo que somos y lo que hacemos.

Es posible que a menudo no termines de comprender por qué las amistades te acaban decepcionando, por qué las parejas te salen «rana», por qué sientes que das demasiado y no obtienes lo mismo, o por qué las relaciones te abruman e incluso te agobian un poco. Otras veces es posible que te plantees por qué necesitas tanto a una determinada persona, hasta tal punto que te llegas a cuestionar si es amor realmente.

A veces creemos que somos muy afortunados por la vida que tenemos y lo agradecemos y entramos en la rueda de la suerte. En otras ocasiones, por el contrario, nos preguntamos por qué no habremos tenido una vida distinta y no actuamos al respecto más que con la queja y el lamento. Hay que saber que la actitud tiene un gran peso en las relaciones. Qué actitud adoptes para relacionarte, para buscar, para entender, para tomar las experiencias como oportunidades y los «errores» como aprendizajes es una parte esencial de tu propio descubrimiento y proyecto personal. La suerte existe, desde luego, pero hay que ir a por ella.

Cómo nos comunicamos

Quizá el aspecto más importante de las relaciones humanas, y del que nacen la mayor parte de las alteraciones, es la comunicación saludable; es decir, un intercambio en el que quien escucha lo hace de verdad y quien habla conecta con lo que quiere decir. Quien habla utiliza las palabras más adecuadas en ese momento, habla desde el yo, no acusa, no culpabiliza, no proyecta; propone, dice cómo se siente, busca posibles soluciones y construye. Esto es una comunicación saludable. Quien escucha debe hacerlo realmente, sin distracción, implicado; no debe escuchar lo que su cabeza le dice cuando oye al de enfrente. Es clave que se abra a comprender lo que el otro quiere decir, que no se sienta ofendido ni atacado y que, en un momento dado, pueda preguntar para aclarar o para responder en lugar de tirarse a la yugular y reaccionar impulsivamente, dejándose poseer por un torrente de emoción desbocada.

La comunicación es el mayor punto de fricción entre las personas que tenemos cerca. Esto quiere decir que, si abordamos la comunicación como un aspecto básico como lo es aprender a leer o a sumar, nuestra vida social, la calidad de nuestras relaciones y, como consecuencia, nuestra felicidad serán muchísimo mejores.

Desde dónde nos relacionamos

Hay veces que desde dentro tenemos la impresión de que el mundo estuviera en contra de nosotros. Todos nos hemos sentido así alguna vez. Vemos que el otro es el responsable, el culpable del malestar. Y, sin duda, eso puede ser, pero solo en parte: la otra se la otorgas tú. Esto no quiere decir que nos dé igual el mundo, ni la sociedad, ni las opiniones de los demás, ni que pasemos de todo. Esto quiere decir que tenemos que aprender a desarrollar templanza, ecuanimidad y observación para dar la medida justa a cada cosa.

A veces resulta interesante preguntarse (sin juzgar) si soy una persona que me relaciono desde la confrontación; si me relaciono desde el deseo de poner paz, de conciliar; si no quiero encontrar diferencias e incluso evito el conflicto; si busco la protección al máximo de mi identidad; si me relaciono desde cierta distancia, desde la relación cordial y «buena» con todo el mundo sin entrar a tomar partido. ¿Te ves reflejado en alguno de estos papeles?

Para tomar decisiones sabias y conscientes es preciso saber cómo nos queremos relacionar de verdad con los demás.

Si ya no quieres ir enfadado por la vida, date la oportunidad de comprender o aceptar lo que hay, descargando una química negativa justa y necesaria para las tomas de decisiones, aprendiendo también a decir NO, ese NO que tanto cuesta, y más cuando quieres a alguien. Saber qué tipo de persona relacional eres te servirá si te planteas que quieres vivir más intensamente, con mayor contenido dramático, o si, por el contrario, te gustaría situarte más a menudo en el patio de butacas y vivir la vida con distancia. Estas claves te ayudarán a orientarte y a posicionarte desde donde estás ahora para aprender cuál es el lugar que deseas ocupar.

¿Nos puede la cabeza o el corazón?

Este es otro aspecto a atender porque muchas veces en las relaciones se pone más o menos peso en uno u otro lugar. Eso hace que finalmente una pareja o una amistad no se entienda y se llegue a un no-entendimiento que a la postre conduce a un «desamor».

Párate un momento a pensar desde dónde te relacionas tú. Analiza a tus parejas, amistades, familia, compañeros de trabajo. ¿Te relacionas con ellos desde la cabeza, con criterios, planificación, con una idea de cómo son y cómo deberían ser las cosas? ¿O, en cambio, te relacionas desde el amor, la entrega, la pasión, el entusiasmo? Lo ideal sería hacerlo desde un equilibrio entre ambos: sin dejarse llevar, pero sin cortarse las alas. Esto sería muy saludable. Para saberlo, solo tienes que observarte.

Asimismo, mide la energía que, desde tu corazón o desde tu mente, fluye en tus relaciones. Debes comprender cómo y por qué las relaciones te afectan de una u otra manera, por qué en ocasiones acabas exhausto después de estar con alguien a quien quieres o, justo en el otro extremo, acabas con las pilas recargadas gracias al efecto de esa relación. Además, resulta muy interesante descubrir qué efecto produces tú en la otra parte de la relación.

Una relación debe tener un intercambio equilibrado de energía para que esta se mantenga de una forma sana.

La calidad de la relación

Otro aspecto a atender es la calidad de la relación y hacia dónde va. Es cierto que nos relacionamos con las personas según nuestras etapas de la vida por motivos diferentes. Probablemente amigos de la infancia a los que tanto quieres, si los conocieras ahora no pasarían de ser conocidos o incluso te podrían hasta caer mal. ¿Te lo imaginas? ¿Por qué? Porque las elecciones de amistades evolucionan con la persona y cuando somos adultos a veces damos más importancia a valores morales, políticos, de estilo de vida. A su vez, cuando eres niño eres amigo de alguien porque lo ves con frecuencia, mientras que durante la adolescencia se establecen lazos por reconocimiento de tribu. De ahí la importancia que tienen el cariño, el amor y el roce en la aceptación en una relación duradera.

En un caso ideal, una amistad de la infancia puede perdurar pese a los cambios personales de las dos partes porque entre ellas media una comprensión, una estima y un respeto íntimos. Nadie se mantiene igual a lo largo de los años, pero esas diferencias no tienen por qué marcar el fin de una relación si esta se entiende de una manera sana.

Del mismo modo, también hay que valorar si, en ocasiones, lo mejor es soltar una antigua relación si se ha convertido en un lastre, una obligación en la que no fluye la energía de forma adecuada.

La aprobación de los demás

Para comprender qué sucede en las relaciones, resulta muy relevante saber cuánta importancia otorgas a las opiniones externas, a las opiniones de las personas con las que te relacionas. Si necesitas recibir la aprobación de todo el mundo para encontrarte seguro y bien, o por el contrario eres consciente de que no se puede gustar a todos y te aceptas.

Es cierto que a todos nos importan las opiniones de los demás. Y generalmente, cuando no nos importan en absoluto, hablamos de un blindaje, una protección para mantener más salud y equilibrio emocional. Lo interesante sería un equilibrio entre el halago y el rechazo, en el cual nos agrada que nos hagan alabanzas y nos pueden molestar las opiniones negativas. No obstante, siempre y cuando la crítica sea constructiva, podemos ser asertivos y reflexionar si creemos que eso nos vendrá bien.

Lo que te sugiero es que no escuches demasiadas voces críticas, ni des demasiada fuerza a lo que dicen los demás porque su influencia se acaba amplificando, distorsionando y a veces solo nos quedamos con una parte ínfima de toda la escena. El resultado será aumentar el malestar y percibir erróneamente la relación. Tampoco conviene hacer caso a esas vocecitas internas que nos dicen lo mal que hacemos todo. Son normales y pueden resultar útiles como una autocrítica sana y constructiva que nos permita mejorar. Sin embargo, es crucial aprender a decir «hoy no, ahora no, gracias, pero NO» y generar una respuesta alternativa que proporcione tranquilidad a tu pensamiento.

¿Somos demasiado exigentes o demasiado poco?

Muchas veces nos encontramos con comentarios de este estilo: «No tiene pareja porque es muy exigente» o «No elige bien y tiene mala suerte con las amistades porque todo le vale». Detente a valorar si te identificas como una persona exigente o si tiendes a aceptarlo todo. Ninguno de los dos extremos es sano, pero todo el mundo por naturaleza tiende más a uno que al otro. Por esta razón es necesario encontrar un equilibrio entre la exigencia y la aceptación. Lo ideal es una integración de las dos que consista en establecer límites sanos, una exigencia saludable, con criterios de selección como punto de partida desde el cual se muestre flexibilidad para aceptar lo que supone la relación con otro, la convivencia, el tú-y-yo, el querer vivir en grupo, en compañía, el adaptarse, el preguntar, escuchar, proponer.

Recuerda: nada es bueno ni malo siempre y cuando tú lo elijas conscientemente y eso te haga sentir bien contigo mismo y en coherencia con tus valores, pensamientos, emociones y acciones.

A propósito de la palabra «exigencia», quisiera hacer notar que, socialmente, goza indistintamente de la buena y la mala prensa. En ocasiones es sinónimo de triunfo, de persona fuerte, dura, que puede con todo; en otras, sin embargo, se asocia a conductas disfuncionales, que nos dañan y que es mejor no tener. Mi opinión profesional es que sin un punto de exigencia no se crece, no se evoluciona. Esto no quiere decir que nos tengamos que dejar un brazo en ello, o perder la cabeza.

Lo mismo sucede, en el otro lado de la balanza, con el «todo vale», que puede tener connotaciones muy positivas. En cierto sentido, a menudo sí es mejor aceptar, relajarse, verlo todo bien, no confrontar, decir «sí». Pero también puede tener connotaciones muy negativas si se asocia a una pérdida de límites por la que finalmente no sabemos discernir unas cosas de otras porque nos hemos ceñido a esta máxima: «Hay que fluir con todo y que pase lo que tenga que pasar».

El compromiso

¡Esa palabra! A veces puede impresionar tanto como emocionar. Sea como sea, el nivel de compromiso que una relación nos exige, que nosotros necesitamos, o que queremos tener y ofrecer, es uno de los puntos clave para discernir su salud, y, por lo tanto, también la nuestra.

Descubrir qué se nos exige y qué exigimos nosotros es vital para evitar disgustos innecesarios. Es ahí donde entran los celos. Pese a su innegable mala prensa, debemos tomar conciencia de que los celos son algo natural. Se dan en el ser humano desde que es muy pequeño y es saludable aprender a identificarlos y saber cómo gestionarlos. Por ejemplo, si tu pareja, con la que tienes un compromiso de fidelidad, te es infiel, eso ya no son celos patológicos. De hecho, ni siquiera serían celos: eso sería entrar en una deslealtad o una decepción que habría que valorar y decidir cómo gestionar.

Pero si una amiga queda con otra de una manera abierta porque les apetece quedar a ellas, sin más, y no cuentan contigo para esa cita y eso te produce malestar, inseguridad, rabia, decepción y sensación de traición, es conveniente que te preguntes por la expectativa o el grado de compromiso que creías que había en esa amistad. Muchas veces la sensación de compromiso o de exclusividad nos genera una falsa imagen, una sensación de seguridad que experimentamos y que no es real, pero sí es un aprendizaje de las relaciones. Esto comienza sobre todo en la preadolescencia, donde aparecen las primeras decepciones, las primeras comprensiones de cómo funcionan las relaciones, y cómo nos manejamos con el compromiso, qué grado necesitamos, qué grado de seguridad incorporamos en las amistades que vamos entablando.

Para que una relación no te decepcione es básico que sepas qué necesitas, que veas si lo has comunicado y si tus demandas son posibles o no. Las relaciones tienen un grado de compromiso, de lealtad, pero también de libertad y de confianza, y el equilibrio entre estas cuatro cualidades es la garantía de su éxito.

¿Expreso mis emociones o las guardo?

A todos nos sucede que, a menudo, sin darnos cuenta, nos metemos en «una película» y nos identificamos mucho con ser el centro dramático de nuestra vida. Esto, siendo consciente, por un lado, está bien, puede incluso resultar divertido o ayudarnos a liberar emociones. Pero si no somos conscientes de este movimiento mental, acabamos recurriendo a la tragedia para vivir algo que se puede tratar desde el diálogo. Y por ese camino será difícil hacerte entender (a ti mismo) qué necesitas. La explosión de ira y enfado ha de trabajarse con atención porque daña mucho a la pareja, sea romántica o no, y abre heridas innecesarias en la familia y el círculo de amistades. Sin embargo, sí puede ser tolerada y, con medida, nada hiriente si el contexto lo propicia, lo que puede darse en algún caso dentro del grupo de amistades.

Si las emociones que nos surgen son intensas y no sabemos manejarlas, lo más recomendable es respirar, serenarse antes de actuar, poner distancia, intentar darles objetividad. Si no se puede, es mejor darnos un tiempo o unos días hasta que podamos comprender qué pasa o estemos en condiciones de saber qué hacer. Esto es una práctica y con el tiempo será más fácil, ya lo verás. La templanza y la serenidad serán tus grandes aliados.

POR QUÉ ES TAN DIFÍCIL EL MUNDO DE LAS RELACIONES

Si somos tan sociales y necesitamos de las relaciones para desarrollarnos y ser felices, ¿por qué a veces es tan complicado este mundo de relaciones?

Aquí entran en juego varios factores, a saber:

1. La complejidad de la especie humana (que comprende emociones, lenguaje, pensamiento, mente, cerebro...).
2. La comunicación social y emocional (que incluye emociones y relaciones, así como su gestión).
3. El cerebro primitivo que se pone en alerta y percibe pe-

ligro (y que a veces percibe peligro en las relaciones personales tanto como si fuera a comernos un león).

4. La educación y el momento evolutivo que vivimos (lo que se traduce en aprendizajes, experiencias, cultura...).

Teniendo todo esto en consideración, conociendo la complejidad de algo aparentemente tan dado, pregúntate: ¿has caído en la cuenta de la delgada línea que existe entre escucharse a uno mismo, escuchar a los demás, atenderse a uno mismo y tus necesidades, o estar para los demás? ¿Te has dado cuenta de cómo te hace sentir no satisfacer tus necesidades o estar para el otro? ¿Has reflexionado acerca de cómo manifestar tus necesidades, sentimientos o deseos sin por ello herir al otro y atribuir intenciones que puede que no existan? ¿Te has planteado si las relaciones sociales te agobian o te encantan? ¿Qué tipo de relación te gusta? ¿Cuál es la duración, la intensidad y la cualidad que te interesan en ella? ¿Te gusta la gente, te incomoda, te decepciona?

Es increíble la cantidad de preguntas que podríamos hacernos para averiguar qué clase de animal social somos, cómo nos sentimos en las relaciones sociales y si lo que tenemos en este momento es lo que queremos o si, al contrario, nos gustaría dar un cambio. Este es un viaje que cada uno de nosotros debe emprender para relacionarse, consigo y con los demás, de una forma sana y pura.

Las relaciones personales que establezcamos van a depender de muchos factores, tanto biológicos como sociales. Todo esto influirá en que alguien necesite un tipo de relación u otro, que establezca unos tipos de relación, con determinadas personas, exponga más o menos su intimidad, la guarde, establezca relaciones cordiales, relaciones de conflicto, proyecte en los demás su insatisfacción o atribuya cosas negativas o positivas al otro, etc.

Las relaciones sociales (desde la persona a la que le compramos el pan, hasta el jefe, nuestros padres o nuestra pareja) conforman el porcentaje más elevado de nuestro éxito y nuestra felicidad en la vida. Por eso merece la pena dedicar atención, cuidado y mimo a desarrollar relaciones saludables en nuestra vida.

Hay que saber vivir en la delicada telaraña que conforman la educación, el respeto, la confianza, la intimidad, el afecto, el ego, las expectativas, el estado interno puntual, el roce, la convivencia, las responsabilidades, las necesidades, la frustración y los deseos. Y entender que los puntos centrales del éxito en las relaciones son: la consciencia, la aceptación, la amabilidad, la generosidad, la entrega con amor, la comprensión, el cuidado consciente, la asertividad y el desarrollo de nuestra inteligencia emocional. Todo esto hará que una relación se convierta en un éxito resistente pese a su frágil naturaleza.

Si, por el contrario, nos encontramos en el caso de que uno se sitúa únicamente en su propia necesidad, atribuye las causas e intenciones de su mala suerte a los demás, interpreta que lo que sucede es culpa de otro, siente continua frustración dentro de la relación, no se siente querido, atendido, ni reconocido, etc., probablemente sus relaciones estén abocadas al fracaso y haya llegado el momento de prestar atención a qué está pasando.

No olvidemos que las relaciones saludables son relaciones interdependientes formadas por personas autónomas que se relacionan, se quieren y aceptan desde su singularidad y desde su centro.

Si te has dado cuenta de que vives en una relación de dependencia, esto, entre otras cosas, es un aviso de que puedes salir de ella. Ahora que sabes que vives en toxicidad, puedes optar por vencer y crecer con la situación o continuar, con lo que ello conlleva.

Una relación es poco saludable cuando se repiten patrones de inseguridad, de celos, de victimismo, de dificultades de comunicación o cualquier otro patrón que reste en exceso, siendo algo que genera mucho desgaste e impide que nos desarrollemos plenamente en nuestras vidas.

Si sientes que tu relación es de dependencia, tendrás que intentar comprender el patrón que alimenta esa dependencia. Recomiendo indagar en la base de esa dependencia, ese patrón que se repite y del que quieres salir. Observa en qué momentos se da, qué desestabiliza tu centro, dónde se sitúa el sufrimiento.

Si estáis en el mismo momento, si ambos sois conscientes de vuestra situación, puedes hablarlo con tu pareja o con la persona con quien mantienes esta relación para buscar ayuda.

Si os encontráis en momentos diferentes, es primordial que medites acerca de lo que vives, lo que ves y lo que sientes, y a partir de ahí tomes una decisión.

Cultivando la atención plena sobre tu relación, sin juzgarte, podrás discernir con calma. Como consecuencia, podrás elegir relaciones donde existe la confianza, la aceptación, el compromiso, el amor, la generosidad, la comunicación, la autonomía. Relaciones, en definitiva, que suman.

Las personas maduras saben que todas las relaciones suman y restan, y que en la vida vamos creciendo y evolucionando a través de las crisis. Pero esto no quiere decir que nos pasemos la vida restando y consumiendo más energía de la necesaria.

Recuerda: si curamos y limpiamos todo aquello que resulta tóxico para nuestra vida, creceremos más fuertes y sabios.

CONSEJOS PRÁCTICOS PARA APLICAR A NUESTRAS RELACIONES

Sugerencias para ayudarte a tener éxito en las relaciones personales

1. Elige adecuadamente a las personas

Se trata de elegir a las que vayan a propiciarte relaciones satisfactorias de acuerdo con tu vida y tu modo de entenderlas. A veces no sabemos muy bien quién será nuestra mejor pareja, o nuestra mejor compañía, pero a base de experiencia se aprende a identificar lo que no elegimos y lo que sí. Por eso las relaciones que se terminan, aquellas que no han funcionado, no son fracasos, sino experiencias que, bien entendidas, se traducen en aprendizajes muy valiosos para la vida.

2. Trata de confiar

Siempre será más fácil. La confianza es el predictor de una relación muy saludable, y es básico para que esta funcione bien. La confianza hay que propiciarla y trabajarla.

3. La generosidad

Hace crecer mucho una relación. Cuando nos entregamos y, además de pensar en nosotros, buscamos la felicidad del otro como un gesto de amor desinteresado, esto nutre y une mucho el corazón de las personas.

4. La empatía

Ponernos en el lugar del otro ayuda a que los lazos sean más fuertes. La empatía es clave para que las relaciones funcionen bien y esta debe ser lo más recíproca posible para que una relación no sufra desgaste. La empatía madura nos ayuda a comprender, a entender la vivencia del otro y a poder dialogar desde un lugar más maduro y en conexión íntima con el otro.

5. Las crisis son algo normal

Ocurren en cualquier relación y pueden ser entendidas para crecer en ella juntos o por separado. Recuerda, en cualquier caso, que la crisis es una oportunidad. Las crisis van a llegar, antes o después, y cuanto más larga sea la convivencia o más intensa sea la relación es posible que lleguen con mayor frecuencia. Las relaciones pueden ser un lugar donde amar y sentirnos amados, un lugar para construir un proyecto de vida, un vehículo para crecer y desarrollarnos, para aprender a compartir, a respetar, a esperar, a aceptar, a perdonar, a superar una pérdida o momentos difíciles de vida. La relación sirve para vivir las alegrías y el dolor, y no debemos despreciar estas vivencias, sino aprender de lo que nos ofrecen.

6. El respeto y el buen trato

Son algo fundamental. El respeto es la base de una relación; respeto entre amigos, entre padres e hijos, en la pareja, entre hermanos, entre compañeros de colegio, de trabajo. Es vital atender al respeto que recibes y al que ofreces para poder tomar decisiones, así como aprender a decir que no a las relaciones en las que no sientes que el respeto viaje de forma fluida y recíproca.

7. Intenta entender antes de juzgar

Esto fomentará que haya conversaciones y no discusiones. Los juicios son muy traicioneros y a nuestra mente pensante le encanta hacerlos, no para dañar, sino porque está en nuestra naturaleza tener sustancia —sea propia o ajena— sobre la que dar vueltas, a la que analizar y masticar. Los problemas vienen cuando esos juicios nos hacen daño o no somos conscientes de la toxicidad que aportan a nuestra vida. A menudo perdemos grandes oportunidades, personas y experiencias por anticiparnos y juzgar. Además, puesto que el ser humano busca razones para justificar y reafirmarse en sus decisiones una vez ya las ha tomado, insistimos en seguir por un camino que no nos hará disfrutar ni entregarnos con actitud abierta a la vida.

Evita que los juicios dominen tu conducta. Si los haces, obsérvalos con distancia sabiendo que solo es un juicio de tu mente. Si indagas en tu corazón, probablemente no sea lo que realmente piensas. Seguro que has juzgado a alguien que después la vida ha puesto de nuevo en tu camino y has descubierto que no era como pensabas. Esa experiencia la hemos vivido casi todos. Por eso tenemos que aceptar que nuestros juicios pueden ser erróneos.

8. Habla de las necesidades mutuas

Es muy sano ver si uno puede hacer algo por el otro. No lo es tanto pensar qué NO hace el otro por mí. Cuenta cómo te sientes, pero sin que esto inunde la convivencia. Para que una relación sea duradera, ambas personas deben estar cómodas y sentir que lo que tienen en común merece la pena. ¿En qué se puede traducir esto? Depende de cada persona: en unos casos puede ser el cuidado mutuo; en otros, la confianza, la diversión, el compañerismo o la pasión.

9. Mira el índice de insatisfacción y tu estado interno

Valora de dónde puede venir. Atiende a tu estado de insatisfacción. Al mismo tiempo, conecta con tus sentimientos, con el no sentirte querido ni tenido en cuenta, ni valorado, ni mimado, ni correspondido. Si crees que la relación está desequilibrada, actúa con una templanza y una serenidad que te hagan sentir orgulloso de ti mismo.

10. Cuida los momentos de intimidad

Ten detalles con tu pareja o con las personas a las que quieres. La intimidad en la pareja es algo trascendental, al igual que la intimidad en las relaciones de amistad o de familia. La intimidad en la pareja implica deseo, relaciones íntimas de tipo sexual, ternura, cariño, conversaciones, momentos a solas. A su vez, la intimidad en otras relaciones implica confidencias, espacio compartido, confesiones, secretos, experiencias compartidas. Si cuidamos esto, se convertirá en un criterio de calidad para el éxito de la relación.

11. Cuida las formas

Vigila lo que dices, cómo lo dices, cuándo lo dices, lo que escuchas, cómo lo escuchas y qué entiendes; antes de malinterpretar, pregunta, o aclara.

12. Todo lo que se cultiva y se cuida crece

Lo que se descuida muere. Por eso es interesante imaginarnos la relación como una planta a la que queremos mimar, para que siempre esté bien y le salgan flores. Inevitablemente, a veces se quemará alguna hoja por el sol, vendrá algún bichito y le hará daño, pero nosotros estaremos pendientes todos los días, de una manera sostenida y amorosa. Si nos vamos un tiempo y nos olvidamos, se secará y probablemente morirá. Si nos descuidamos, aunque estemos cerca, y después queremos echarle mucha agua para ver si la recuperamos, la podemos ahogar. Esto mismo pasa en las relaciones. Es fundamental cultivarlas y cuidarlas día a día, con tacto, perseverancia y amor.

13. Perdona y pide perdón cuando sea necesario

En las relaciones es primordial saber pedir perdón, saber darnos cuenta de nuestros errores, de cuándo hemos hecho daño, aunque sea sin querer. Tenemos que estar dispuestos a remediarlo si queremos a la persona y no pretendemos causar dolor o deseamos repararlo. Igual de importante es perdonar, soltar, pasar página. Para que una relación fluya es necesario que no existan rencores, que se superen y se perdonen las cosas de corazón para que la pareja tenga un nuevo comienzo desde otro lugar.

14. Conviértete en una gran pareja, amigo, compañero, familiar...

Sé esa persona que tú querrías tener al lado. Conviértete en el mejor socio de vida que puede tener tu pareja y viceversa; es de las mejores cosas que puede pasar en una relación. Y en la familia, convertirte en el mejor hijo o hermano. Eso no significa, por cierto, que debas dejar de ser tú para ser lo que los demás desean; significa convertirte en alguien agradable, amoroso, presente, comprometido, sincero, noble, honrado... Convertirte en la persona que querrías ver frente a ti.

15. Cuida y déjate cuidar

Momentos de cariño, regalos del corazón: hay personas que también quieren quererte y cuidarte y darte una sorpresa. Deja que lo hagan y ábrete a que te quieran. Es clave dar, pero también saber recibir. Atiende y observa si el flujo de intercambio de energía es equilibrado. Una relación necesita de un dar y un recibir saludable.

16. Entrégate al AMOR con mayúsculas

Disfruta de este regalo de la vida. Mi superrecomendación es que creas en el amor de amigos, de familia, de pareja, en el amor propio. Date la oportunidad de vivirlo soltando todo lo que te puede hacer daño: el miedo, la desconfianza, los celos, el dolor. Y recupera, a su vez, el perdón, la alegría, el entusiasmo, la inocencia. Dale una oportunidad a la vida disfrutando de querer a los demás.

> Respeta, acepta y confía. El arte de comunicarse es un factor de éxito para la vida. Es el arte de demostrar inteligencia emocional y racional a través de las palabras, es expresar cómo nos sentimos, lo que pensamos sin hacer daño, haciéndonos entender. Es llegar a un acuerdo y comunicación verdadera con el otro, es escuchar con el corazón abierto, sin juicios, sin adelantarnos a querer contestar, sin sentirnos ofendidos, intentando comprender y empatizar. Si esto se da, la relación tendrá muchos puntos para poder disfrutarla plenamente.

Decir lo que uno piensa

Raras veces (o casi nunca) uno se para a pensar en lo determinante o impactante que puede resultar decir lo que se piensa. Hace poco leí en un periódico económico el siguiente titular: «Decir lo que uno piensa es un lujo». Lo afirmaba un alto directivo y he de confesar que me hizo pensar.

Decir lo que uno piensa es signo de honestidad, sinceridad, compromiso con uno mismo, fidelidad e incluso cierta nobleza, y al mismo tiempo debemos ser muy conscientes de que esto tiene un coste personal para la mayoría de las personas.

Después de leer el titular y de reflexionar sobre un horizonte nuevo, tomando otros contextos como referencia, obtuve otra perspectiva. Siempre había considerado esa máxima un valor personal, pero, por lo que veía en la consulta o en experiencias en mi propia vida, tenía altos costes emocionales y relacionales en determinadas ocasiones. Nunca antes lo había visto como un beneficio directo para el «opinador» y para quien lo recibe, y menos como un lujo.

Entonces, ¿sabemos realmente distinguir entre lo que es «decir lo que uno piensa» (o aportar) y el juzgar, el ofender o el «sincericismo» como forma de «opinología»?

¿Sabemos discernir a quién se lo podemos decir? En otras palabras, ¿somos capaces de valorar quién usará correctamente la información (y la agradecerá) e incluso de valorar si es el momento adecuado para ello? ¿Crees que realmente merece la pena decir lo que uno piensa?

Propongo que pensemos detenidamente en los siguientes parámetros acerca de decir lo que pensamos. Como reflexión sería interesante observar si para ti dar una opinión acerca de algo es un tema de vital importancia por lo que crees que vas a sumar, o si, por el contrario, tienes la sensación de que tus palabras van a caer en saco roto. Es interesante sopesar lo que vamos a decir y para qué, y si esto es más importante o aporta más que el silencio.

Debemos plantearnos si decimos lo que pensamos por inercia, como un acto impulsivo, por sentir que existimos, o realmente decimos lo que pensamos porque creemos en la sinceridad y pensamos que si no lo decimos estaremos obrando mal. Tendremos que cuestionarnos qué deberíamos hacer, si vamos a hacer daño a alguien, si este daño es evitable o si realmente lo consideramos un gesto de amistad y amor. Puede ocurrir que nos lo pregunten y sintamos el compromiso y la entrega de la amistad de decirlo, pero hay que tener en cuenta todas las variables que puedan dañar al otro.

Asimismo, midamos cómo nos quedaremos nosotros después de decir algo. Hay veces que resulta en un desahogo maravilloso: necesitábamos decir lo que pensábamos. Esto le sucedía mucho a una de mis abuelas, que no podía evitar decirte todo lo que pensaba, tanto si ibas estupenda como si algo te quedaba como un trapo; tanto si estabas más delgada como si te habías puesto redonda. Además, no le ponía emoción ni intención, era la sinceridad por la sinceridad. Lo que conseguía a veces, no obstante, era que saliéramos corriendo porque no queríamos escuchar su opinión.

Tras este inciso biográfico, recapitulemos: decir lo que pensamos puede liberarnos, por supuesto. En otras ocasiones, puede dejar en nosotros una sensación interior de desazón porque sabemos que hemos causado dolor o malestar a otra persona y probablemente sin intención. ¿A quién no le ha pasado alguna vez decir lo que piensa y encontrarse con que ofende sin querer? ¡Que levante la mano! Como he dicho antes, habrá que preguntarse si aporta algo, a quién le aporta, si es una crítica constructiva o destructiva, si es una opinión que puede ofender, si es una recomendación valiosa dicha con amor y amabilidad, o si puede tener moraleja o un aprendizaje más allá. Y si sabemos que puede causar dolor, pensemos en el valor de ese dolor: en si valdrá la pena ser sincero para el otro.

No hay una solución mágica. Decir lo que uno piensa puede ser muy sano y puede resultar muy instructivo si uno tiene a alguien al otro lado dispuesto a escuchar, a valorar y a hacer algo con lo que recibe. No olvidemos que «toda acción produce una reacción». Y recuerda también que las personas más brillantes y más exquisitas suelen decir lo que piensan, tienen opiniones sobre las cosas, dejan poso en los demás. Y este poso se suele saborear con el tiempo, nos guste o no, cuando llegamos a comprenderlo.

Moraleja: si piensas que lo que vas a decir es importante, puede resultar útil para ti o para los demás, no será dañino ni destructivo, y su sentido o fin puede llevar a construir, ¡es un lujazo (para ti y para todos) que digas lo que piensas!

La tolerancia como principio de convivencia y amor

Un concepto relevante del mundo de las relaciones es la tolerancia. Me encanta esta palabra. La tolerancia está ligada a la aceptación por una fina y delgada línea: son casi hermanas. La aceptación desarrollaría un sentido más profundo de comprensión y asunción de la realidad; la tolerancia sería un ejercicio de madurez. Así, a pesar de no comprender, o de no aceptar, podemos llegar a tolerar o no una determinada circunstancia.

¿Te suena mal o te suena bien? ¿Qué sientes al oír esta palabra? ¿Sientes que te limita? ¿O sientes que lo necesitas? ¿Piensas que necesitas aprenderlo?

Mientras estamos aquí, te propongo que reflexiones acerca de tus criterios, lo que piensas de la vida, de las cosas, tu forma de ver el mundo. Piensa después en los criterios de otros, acerca de sus pensamientos y sus sentimientos. Piensa en conversaciones que hayas tenido acerca de creencias, ideologías, normas, modos de hacer y operar en la vida, y reflexiona acerca de cómo te hace sentir aquello que a simple vista es diferente a tu opinión, a tu forma de ver las cosas. Incluso te propongo una mirada más allá: pensemos en gente de etnias, religiones, opciones de vida diferentes a las tuyas. ¿Cómo te sientes al respecto si te imaginas en una conversación de política o de economía o de cultura? ¿Te has visto alguna vez en una situación similar? De ser así, ¿cómo te sentiste?

Otro posible ejercicio, más cercano, se da cuando hablamos de tolerancia con la familia, la pareja, los hijos, los compañeros de trabajo o los vecinos. ¿Cómo vives tu tolerancia? ¿Toleras? ¿Te molestan muchas cosas? ¿Te quejas frecuentemente? ¿No te das ni cuenta de la mitad de las cosas? ¿Miras para otro lado? ¿Te hace gracia? ¿No te importa siempre y cuando a ti no te afecte? ¿Eres más tolerante en la larga o en la corta distancia? Son cuestiones interesantes sobre las que podríamos dialogar durante horas en un café (¡tolerante!).

Empieza, si puedes y quieres, ensayando con pequeñas situaciones cotidianas que no atenten contra tu esencia y emociones inicialmente; por ejemplo, mientras conduces.

La tolerancia es un estado interno, una forma de pensar que influye en nuestro sentir y que se manifiesta externamente como una actitud. Una actitud de respeto, de escuchar y aceptar las diferentes posturas, ideas y pensamientos de los demás para luego valorar de manera sana y amable qué decidimos hacer con ello y cómo alcanzamos nuestro objetivo de la mejor manera posible.

Tolerar no significa rendirse ni abandonar tus metas, sueños y logros; tolerar puede implicar alcanzar más y mejor. Hay que dejarse sorprender. Es importante no sentirse agredido cuando los demás no piensan como nosotros o plantean las cosas de manera diferente.

Hay una frase famosa que habla del «poder de la unión de las diferencias». Está orientada a nuestra actitud sana con respecto a la tolerancia para con los demás y al enriquecimiento cuando el sumatorio de la unión es diverso. Así aprendemos a valorar y ver diferentes puntos de vista que pueden hacernos cambiar o reafirmar el nuestro, pero es muy saludable comprender y empatizar para evitar discordias innecesarias que seguramente y conscientemente no elegirías.

La tolerancia implica dejar pensar, dejar hacer y dejar ser, aunque no encaje perfectamente con nuestro criterio.

No tolerar no significa no opinar lo mismo que los demás: se puede NO opinar lo mismo que los demás o tener una visión totalmente diferente y ser tolerante. Tolerar tampoco significa que «todo vale». Tolerar es respetar las posturas de otros y que respeten las tuyas. También implica poner límites. Por ejemplo, decir NO a algo que no quiero para mí no implica que no lo estoy tolerando en la sociedad.

Seguro que de pequeño eras amigo de alguien de quien, de haberlo conocido en la adultez, te habrías planteado la relación por las diferencias que había entre vosotros. Y yo te pregunto: ¿qué te unió cuando eras pequeño: la convivencia, el corazón, las experiencias compartidas, el ser auténtico? Actualmente, si habéis escogido caminos distintos, ¿eso hace que no toleres a esa persona, que ya no veas su corazón, que ya no valga lo vivido juntos? Tolerar es respetar las diferentes opciones de vida, sin por ello dejar de trabajar en la dirección que nosotros hemos elegido para nuestra vida.

Nuestra decisión adulta y madura pasa por no comportarse como personas intolerantes, sino como personas que, cuando algo no les gusta, deciden de manera asertiva (sana y no dañina) qué quieren hacer y hacia dónde quieren ir o cómo pueden intentar solucionarlo (si es posible). Personas que no se empeñan en imponer su criterio ni ensucian el ambiente sin respetar. Personas que dejan hacer y ser. Seguro que descubrirás los beneficios que tiene tolerar en tu mente, en tus emociones y en tu salud general.

Test de tolerancia

Pregunta 1

¿Piensas que tu criterio es el mejor? ¿Piensas que tu criterio es el único válido? ¿Qué es lo que hace que pienses que tu criterio es el único válido y no dejes o toleres que se haga de otra manera? ¿Sueles emplear todas las armas posibles para lograr tu objetivo a toda costa?

Pregunta 2

¿Qué es lo que hace que, sin tolerar, te saltes ciertas normas sociales de respeto al otro, de amor y de convivencia? ¿Por qué no optas por otras alternativas conciliadoras e integradoras teniendo en cuenta todas las visiones y modos ser y hacer?

Pregunta 3

¿Qué es lo que hace que no toleres, te impacientes, tengas que hacer todo a tu modo, porque, si no, entras en decepción, crisis, disgusto, frustración y rechazo?

Pregunta 4

¿Piensas que, quedándote con la distancia, el enfado y la intransigencia podrás sacar el amor hacia los demás y sus mejores cualidades?

Pregunta 5

¿Qué piensas del respeto, de la comprensión, de escuchar o aguantar el que te digan «por aquí no»? ¿Y qué harías, cómo te sentirías si te dijeran: «Busquemos con tus criterios y los míos otro camino juntos»?

Pregunta 6

¿Piensas lo que ganas cuando te encuentras en la situación de diferencias de criterios y, como consecuencia, te frustras, no dejas hacer a los demás, enturbias el ambiente y llegas a un punto de improductividad? Cuando eso sucede, ¿te sientes culpable? ¿Sabes realmente lo que quieres y lo que valoras?

Pregunta 7

¿Por qué crees que siempre tiene que vencer tu criterio? ¿Dejarías de comer o de respirar si no se cumpliera? ¿Crees que los otros son un error?

Escucha y reflexiona.
Principios básicos de la tolerancia

1. Tolerancia es igual a amor.
2. El que tolera se engrandece.
3. El que tolera se ennoblece.
4. El que tolera crece y aprende.
5. El que tolera se rinde sanamente a la vida y conspira con ella y con lo que pueda acontecer.
6. El que tolera vence sus limitaciones y aprende de sus sombras.
7. El que tolera ve más la luz.

La amistad es también cuando las personas se conocen por completo y a pesar de todo se quieren.

LA HISTORIA DEL ZORRO

El Principito, el clásico de Antoine de Saint-Exupéry, es un dulce y tierno manual de las relaciones humanas llevado a un cuento de fantasía, recomendable para cualquier persona, de cualquier edad.

Hay una escena en la que el protagonista se encuentra con el zorro y entablan una tierna conversación donde aparecen juicios y prejuicios. El zorro piensa que necesita ser domesticado para poder jugar con el Principito cuando este le pregunta si pueden jugar juntos. El Principito le pregunta que a qué se refiere exactamente con estar domesticado, y después de hablar de la relación que mantenían los hombres con los zorros en cuanto a la caza y a no entenderse demasiado, le contesta que domesticar es «crear lazos»:

> Para mí no eres todavía más que un muchachito semejante a cien mil muchachitos. [...] No soy para ti más que un zorro semejante a cien mil zorros. Pero si me domesticas, tendremos necesidad el uno del otro.

Me parece fascinante como ejemplo de cómo se co-crean la relaciones, cómo pasamos de ser uno más a ser la persona más importante para otro. Este fragmento nos muestra cómo nos convertimos en alguien presente en la vida de otra persona, como cuando nace un hijo, te enamoras o haces amigos. Entablar relaciones bellas «domesticadas» con lazos fuertes y sólidos crea una interdependencia donde hallamos emociones, amor, vínculo, relación, cariño, convivencia... y donde somos uno parte integral del mundo del otro.

EJERCICIOS PRÁCTICOS

Centraré los ejercicios en la resolución de conflictos, que es lo más difícil. Cuando surge un conflicto tenemos:

- El desencadenante.
- Tus suposiciones o juicios.
- La intención de solucionarlo (y la resolución).

El desencadenante

Haz una lista de todo lo que te resulta insoportable de las personas que tienes en tu vida.

1. Que me cuestionen.
2. Que me critiquen.
3. Que me molesten.
4. Que no me den lo que quiero.
5. Que no me expliquen los motivos de una acción.
6. Que no me escuchen.
7. Que limiten mi libertad, etc.

¿Qué conclusiones sacas?

Tus suposiciones o juicios

Haz una lista de todo lo que exiges a los demás (y a ti mismo) o marca aquello que creas que debe ser así:

1. Mis padres me deben amor.
2. Tengo derecho a todo.
3. Mis hijos me deben respeto y obediencia.
4. Mis amigos me deben escucha y comprensión.
5. La justicia siempre debe pronunciarse a mi favor.
6. Los médicos me deben curar.
7. Dios me debe justicia.
8. Mis allegados deben aceptar mi personalidad.
9. La vida me debe una explicación o un sentido.
10. Yo debo ser perfecto siempre y en cualquier circunstancia, etc.

¿Qué deduces a partir de tus respuestas? ¿Qué conclusiones sacas? ¿De dónde crees que proceden las presuposiciones y juicios?

La intención de solucionarlo

¿Sabrías decir qué hay que hacer para prevenir o atajar un conflicto? Comienza averiguando:

1. Lo que quieres, tus necesidades y expresarlo.
2. Lo que el otro quiere, sus necesidades y preguntarlo.
3. Empatizar, sentir sus emociones y preguntar.
4. Expresar cómo nos sentimos.
5. Decir lo que nos gustaría y preguntar al otro.
6. Negociar, llegar a acuerdos que sean válidos para ambas partes.
7. Dejar y acordar el tiempo necesario que requiera la gestión de cada conflicto.

RECUERDA

! Las relaciones son necesarias para nuestra vida. Además, pueden ser el fruto de mucha salud si dedicamos espacio a conocernos, a elegirlas y a trabajarlas.

! Las relaciones son variadas, cada persona construye una relación primero consigo mismo y luego con los demás, y esta tendrá un carácter único y especial.

! Para ser feliz en las relaciones es imprescindible equilibrar y atender aspectos como la comunicación, el respeto, el compromiso y el cariño, entre otros.

! La neurociencia te recomienda que te relaciones para que tu cerebro social siga estimulado, tu química interior siga activándose y tu sensación de bienestar te proporcione felicidad.

La mejor forma de tener un amigo es siéndolo.

Capítulo 5

EL PROPÓSITO DE VIDA

¿QUÉ ES EL PROPÓSITO DE VIDA?

En este capítulo quisiera hablarte de algo muy profundo (y muy básico al mismo tiempo) en la vida de las personas: el propósito de vida. En algunas ocasiones lo han llamado autorrealización, como apuntaba Maslow. Es cierto que para autorrealizarnos, para encontrar el propósito de vida, es importante que tengamos una base firme sobre la que sostenernos. En otras palabras: que hayamos completado fases de las que hemos hablado en este libro y sepamos gestionar nuestra existencia. Esto nos llevará sin duda a la conexión con nosotros mismos, a esa esencia que somos, a ese corazón puro que se desnuda a la vida como un bebé al nacer.

Una de las cosas que más puede completar a un ser humano es encontrar su propósito de vida, encontrar ese camino de vida donde uno da lo mejor que posee, se siente bien haciéndolo y además contribuye, con actitud de servicio, a la humanidad. Resumiéndolo en pocas palabras, se trataría de ser feliz sirviendo. En la vida hay muchas maneras de servir: en familia, en nuestros trabajos, en nuestra actitud, en nuestra amabilidad, en nuestras destrezas. Lo verdaderamente relevante es que esa acción, además, te recargue la batería del corazón porque el simple hecho de hacerlo ya te llena de energía de vida. Aquí traigo a colación la famosa frase «hacer algo sin esperar nada a cambio». Con el hecho de dar, de servir y de ofrecerse, uno ya se llena.

Pero bajemos de nuevo a tierra. Podríamos preguntarnos: ¿y cómo se digiere esto con las facturas, las relaciones, el estrés del día a día, la familia, la pareja, el trabajo, etc.?

Pues para eso está este capítulo. Te voy a ayudar a entender que finalmente somos alma y corazón en una aventura humana, y somos terrenales, físicos. Esto implica todo lo que concierne a lo material, las adquisiciones, el ego, el dinero, la posición, la competición, la superación, y está genial. No obstante, es mejor cuando se integra con la parte más «divina» —llamémosla así— del ser humano, donde está la vivencia de las meditaciones, los retiros de silencio, las acciones solidarias, el sentido de la vida tras una crisis vital importante, el valor de la salud, el amor, la naturaleza bella y las emociones puras.

En términos mitológicos, podríamos decir que somos una mezcla de criatura terrenal y espiritual, y saber integrar ambas caras de la misma moneda es maravilloso para nuestras vidas.

La dimensión espiritual es muy necesaria para el ser humano. Es uno de los pilares de una vida llena de sentido, de amor hacia uno mismo a través de la conexión con esa dimensión en la que conectamos con la belleza y el amor que somos íntimamente.

El ser humano, pues, además de ser físico, emocional, racional, es un ser espiritual, que se pregunta acerca de sí mismo, de su existencia, de su felicidad de su propósito. Es un ser que se observa, tiene esa capacidad transpersonal de verse desde fuera. Es importante atender a esta dimensión, ya que forma parte de lo que es y será nuestra realización verdadera.

«Ilusiones» al frente

En nuestro lenguaje cotidiano solemos sustituir la palabra «ilusión» por «entusiasmo», «alegría», «fascinación». Aun así, también podemos hablar de «ilusión» para referirnos al reflejo de algo que no existe. O quizá que no existe aún y que, sin embargo, consigue movilizarnos, emocionarnos y despertar algo en nuestro interior.

Se pueden vivir momentos oscuros. Se pueden pasar etapas neutras, que casi parecen vacías. Etapas en las que observamos que la inercia nos ha llevado a un sitio que conscientemente no habíamos elegido. Se pueden pasar etapas «techo», es decir, etapas en las que uno tiene la sensación de que no puede avanzar más, no ve más salidas y cae en el desasosiego o en el «bajón». Esto hace que nos sintamos perdidos y confundidos, que venga una crisis que nos pida un salto de pantalla del videojuego de la vida y que, además, lleve un bonus de felicidad.

Pues bien, todas estas circunstancias que podemos valorar interiormente como algo negativo y desagradable, que pueden hacernos sentir perdidos y caer en la tristeza y la desesperanza, no son más que culminaciones de ciclos vividos que nacen y mueren. Es más, si lo miramos desde otro prisma, veríamos que son logros o etapas que hemos logrado concluir.

Sé que no todos son fáciles porque implican cambios que dan vértigo, miedo, pena. Son muchas emociones que vienen de los momentos de despedida, de soltar, de dejar ir, de saltar hacia otro lugar, de evolucionar, de permitir que la vida siga su curso, de tomar decisiones, etc.

Te pongo un ejemplo cotidiano: imaginemos que participamos en una carrera y que, al llegar a la meta, en lugar de satisfacción, alegría, orgullo y felicidad por el reto conseguido, ¡sintiéramos angustia, desasosiego, tristeza, pérdida! Es comprensible tener algo de bajón químico una vez pasada la celebración, pero es solo hasta encontrar una nueva «ilusión». Y ¿cuál es la diferencia, entonces, entre este símil y nuestra vida misma, si esta está llena de metas continuas?

La primera diferencia es que la carrera se vive como algo temporal y uno ya suele tener una ubicación mental para después. Algo que suele aturdirnos mucho hoy en día es no saber seguir, no saber vivir con la incertidumbre de no ver el camino. Pero es que ese estado también forma parte del camino que recorremos. Tenemos que darnos un tiempo de pérdida, de no saber, de indecisión, de dejar que las cosas vayan aconteciendo mientras avanzamos por terrenos que no conocemos.

Lo ideal si lo hubiésemos aprendido así sería ver cada etapa como algo estacional y mentalmente tener la estructura para ello. Es curioso: el cambio es algo permanente en nuestras vidas y la mente tiende a hacer estático ese cambio y resistirse a la conclusión de determinados ciclos. ¿Por qué? Porque la mente y las emociones no se ponen de acuerdo en ocasiones y es necesario que volvamos a conciliarlas.

Los ciclos concluyen siempre, día tras día. Lo de hoy ya no volverá: un trabajo, el momento por el que pasa tu relación de pareja, el momento que viven tus hijos, el momento por el que pasa tu negocio, etc. Vivir esto como algo estacional, que pasará, nos conecta con el presente, nos ayuda a aprovechar y a vivir cada situación como una oportunidad. Hay que disfrutar, saber despedirse, soltar y agradecer. Hay que vivir lo que toca para luego renacer y reinventarse si llegan momentos vitales más duros.

Un secreto a voces para una vida más plena es vivir las circunstancias en presente, con consciencia de temporalidad, sabiendo que este momento también pasará y entendiendo que la vida es un ir y venir con dirección creciente. Por ello es importante tener siempre ilusiones, proyectos, «títeres en la cabeza», como decía mi abuela; realidades que nos mantengan vivos, vitales, felices y nos ayuden a avanzar.

¿Te atreves a ilusionarte y a entusiasmarte de nuevo?

Hacia un camino íntegro: valores y regalos de vida

Cada circunstancia de mi vida, sobre todo las que me han generado dudas, preocupaciones, malos ratos y estados que no conocía de mí, me ha llevado a un salto cuántico de crecimiento personal. Esto no se trata de una comedura de cabeza o análisis particular por ser psicóloga: esto es así por vivir en consciencia, querer vivir despierta y sentir que mi vida tiene un sentido que me aporta algo más. Con esto tampoco quiero decir que me pase veinticuatro horas al día reflexionando o meditando, pero sí que de cada situación que no puedo comprender extraigo un aprendizaje, obtengo potencial para —como dirían los superhéroes— «convertirme en más grande y fuerte».

Muchas veces es lo que somos: unos superhéroes viviendo nuestro camino en busca de nuestro sentido o propósito de vida, de nuestra verdad y del estado interno más preciado, llamado felicidad.

Pues bien, todo ello hace que, como estudiosa y amante apasionada de la persona, haya encontrado en cada vivencia, en cada charla, en cada apoyo y en cada persona que ha compartido su momento de vida conmigo una fuente de inspiración para poder responder a las cuestiones que nos descolocan a menudo.

A continuación, voy a enumerar un sencillo decálogo que ya he mencionado de alguna manera en capítulos anteriores, aunque desde un prisma y con una luz diferentes, que a su vez son complementarios. Volveré sobre algunos conceptos que ya hemos visto, pero, de verdad —y esto es información científica—, si los practicas en tu vida, si los incorporas como rutinas, algo en tu interior comenzará a funcionar maravillosamente.

LOS 7 MAGNÍFICOS

1. La aceptación

> Si tiene remedio, ¿por qué te quejas?
> Si no tiene remedio, ¿por qué te quejas?
> SIDDHARTHA GAUTAMA BUDA

El primer principio de una actitud de vida sana y plena es la aceptación. Esto supone acoger los acontecimientos que sucedan como tengan que suceder sin resistirnos a ellos; es decir, aceptar que las circunstancias vienen como tienen que venir, a veces con viento a favor y otras no tanto. Aceptar y dejar paso a lo que tiene que venir, aunque sea un «tormentón», y rendirnos saludablemente a vivir lo que toca sin desgastar más energía de la necesaria, porque muchas veces sucede que, cuando aceptamos y nos colocamos del lado de las circunstancias, la vida trae más y mejores cosas de las que esperábamos.

2. El discernimiento

> El pesimista se queja del viento, el optimista espera
> a que este cambie y el realista ajusta las velas.
> GUILLEN GEORGE WARD

> El mayor descubrimiento de cualquier generación
> es el de que los seres humanos pueden cambiar
> sus vidas cambiando sus actitudes mentales.
> ALBERT SCHWEITZER

Quizá una de las cualidades más elevadas del ser humano sea el discernimiento. Esta cualidad, valor o actitud me parece de las más importantes para nuestra vida. Se trata de saber qué, cuándo, cómo, dónde y con quién; es saber la ruta que hay que seguir para llegar a descubrir aquello que te va a llevar al camino adecuado. El discernimiento sería una toma de decisión teniendo en cuenta cabeza, circunstancias y corazón. Aquí también entra nuestra dimensión espiritual, nuestra intuición, eso que sabemos sin saber por qué lo sabemos, pero con la certeza de que el corazón nos habla claramente.

Para mentes inquietas, pensadoras, anticipadoras, con necesidad de tenerlo todo «bajo control» es vital aprender a «acallar la mente», hacernos amigos de ella y ponerla a nuestro favor, a nuestro servicio. Esto se consigue dando paso a la mera observación. Esto ayudará a quitar intensidad emocional a los dramas de nuestra vida y especialmente a no perdernos y a curar poco a poco el dolor que se presente en nuestras vidas, que no es evitable y que necesita de su tiempo y cuidados. Esta criba, este saber apartar y elegir entre lo que nos es dado, es una de las claves para desarrollar una buena capacidad de discernimiento. Cegados por todo, nunca llegará a revelársenos lo que en verdad deseamos.

3. La intuición

Otro punto absolutamente imprescindible para la vida —y que sería ideal estudiar desde el colegio— es la atención a nuestra intuición. Todos tenemos ese poder, esos pálpitos, esas sensaciones sanas que ayudan al discernimiento, esa inteligencia más allá de la numérica, más allá de la racional e incluso de la emocional. ¿Cómo se hace esto? Entrenando la capacidad de escuchar más allá de tus pensamientos y emociones. Se entrena desde el silencio interior, practicando ese silencio y acompañándolo de respiración y observación un ratito cada día. La intuición nace del vacío saludable, del espacio que dejamos para que venga y nos dé esas pistas, esas muestras del camino, ese mensaje que llega a nuestra razón desde algún lugar. Eso es la intuición.

Muchas veces la intuición nos lleva a las cosas, nos movemos por ese instinto, pero suele provocar desconcierto por la capacidad racional que tenemos. Creemos que evaluándolo todo podremos obtener un control absoluto, pero no es así. Con la razón, que es maravillosa, evaluamos unas variables, pero con la intuición evaluamos otras. La integración de ambas es un superpoder para encontrar el propósito de vida y el camino a seguir para perseguirlo.

La respiración es un importante recurso, aunque parezca simple a primera vista. Vamos tan rápido, queriendo llegar a todo, dar todo a nuestros hijos, trabajo, pareja, amigos, ocio... Sí, queremos tener muchas cosas, nos aprieta la vida, nos apretamos nosotros y nosotros apretamos a los demás. Queremos comernos el mundo a bocados tan gigantes que a veces dejamos de lado el saborear. Queremos todo ya. Queremos placer, vivirlo todo intensamente, progresar, cero problemas y sobre todo en esta era de la exposición, en la que vivimos muy «hacia fuera», mostrando solo una cara de la moneda a través, por ejemplo, de las redes sociales. No es falsedad, es que socialmente hemos decidido vivir en un drama donde el peligro es creerse en realidad el personaje o vivir en una película de fantasía, enseñando nuestras «maravillosas y perfectas vidas» cuando lo son y cuando no lo son. Vivimos la era dorada de lo maravilloso que es ser maravilloso. Así es este momento. Y no es bueno ni malo, es lo que es, otra etapa más de nuestra historia, que tiene como peculiaridades la necesidad material, el progreso, la inmediatez, la tecnología, la precisión de control. Pero el cuerpo y el cerebro, aunque se adapten bien, siguen requiriendo un descanso mental, físico y espiritual. De lo contrario, uno enferma.

¿Por qué te cuento esto? Porque te recomiendo parar un poquito cada día. Con más razón aún viendo las prisas que dominan el mundo actual. Dedicar un rato a cualquier actividad que permita a tu cuerpo parar y oxigenarse física y mentalmente será bien recibido. Mis preferidas: la respiración diafragmática y la cuadrada.

Es vital, en el camino diario de trabajar, un estado de alegría interna y entusiasmo, sin negar nunca otras emociones como la tristeza. Porque debemos seguir emocionándonos con cosas y ser capaces de crearlas. Pueden ser grandes proyectos laborales, de hogar, de viajes, de vida, experiencias, o hábitos más cotidianos, y maravillosos también, ya sea ciñéndote a los pequeños placeres de la cotidianidad o lanzándote a una nueva actividad. El estado de alegría interna está muy relacionado con la felicidad y será un autorregalo de vida que nadie te podrá quitar.

Asimismo es vital en mi filosofía de vida —aplicando siempre psicología positiva— la actitud; saber si solemos ver el vaso medio lleno o medio vacío. Es fundamental saber interiormente que siempre existen opciones, alternativas y posibilidades que nos llevarán a solucionar, entender, aceptar o cambiar una situación: ningún problema se podrá resolver desde el mismo nivel de consciencia en el que se creó.

4. La generosidad y el agradecimiento

> Si la única oración que dijera en toda
> la vida fuera «gracias», sería suficiente.
> MAESTRO ECKHART

La actitud de agradecimiento en la vida —sentirse satisfecho— es de los mayores estados de plenitud que puede encontrar el ser humano. Si a eso le sumamos el maravilloso valor de la generosidad y descubrimos lo bonito que es darse y ofrecerse (cuando uno está lleno y completo), encontraremos las maravillosas cosas que nos pueden suceder. Recuerda que la salida está dentro y que, para poder cuidar y dar, es importante que tú hayas aprendido a cuidarte a ti primero, que no está reñido con darte a los demás. En un ejemplo terrenal, si yo no tengo monedas en mi bolsillo no podré dárselas a mi hijo cuando me las pida. Primero habré de tener esas monedas y la reserva para poder ofrecer y dar, y luego volver a recargar. Así es nuestra energía vital.

Si tuviera que elegir una superactitud de vida positiva sería la gratitud. Es parte de lo que te lleva a la felicidad verdadera y te conecta con la paz, con la calma, con la confianza, con sentirte afortunado. Ahí tenemos un secreto infalible: si practicamos con perseverancia este hábito, nuestra vida puede dar un giro de 180°. Y es que cuando ya no podemos cambiar una situación, nos encontramos ante el desafío de cambiarnos a nosotros mismos, comenzando por cambiar la mirada sobre el mundo. Esto no quiere decir que tu esencia verdadera cambie, quiere decir que reconectes con lo esencial, con lo importante, con lo que puede ayudarte en la vida, con el hecho de que te conviertas en tu mejor amigo, en tu mejor compañero de vida, y que desde ahí siempre hagas lo que más pueda ayudarte a estar bien.

Te pongo un ejemplo: considera un pensamiento negativo y uno positivo sobre la misma cosa. Sabes que uno te hará sentir incómodo, potenciará tu ira, además de generar una corriente de contaminación a tu alrededor. El otro, en cambio, te hará mejor a ti emocionalmente, te desapegará del sufrimiento innecesario, te ayudará a confiar aunque no comprendas inicialmente lo que sucede y generará aprendizajes valiosos. ¿Cuál eliges?

Aquí se ve que es clave poder atender para elegir responder en lugar de reaccionar. Generalmente, la reacción nos lleva al patrón no consciente, más animal —nacido del seno del cerebro reptiliano del que hablábamos hace ya unas cuantas páginas—, a la alerta de peligro, al patrón aprendido e instalado en tu software. Pero si pudieras elegir tenerlo o desinstalarlo, seguramente querrías lo segundo.

Es probable que a estas alturas te ronde la pregunta: ¿no me puedo enfadar, no me puedo quejar, no puedo decir que no a algo o que algo no me gusta? Claro que puedes: es muy saludable, forma parte de tu autocuidado, pero siempre de modo consciente y conociendo el límite de lo saludable y lo tóxico.

5. La confianza

El momento más oscuro de la noche de la vida ocurre un instante antes del amanecer.

VICENTE FERRER

Dios escribe recto con líneas torcidas.

ALBERT EINSTEIN

Dios arreglará los corazones partidos, si nosotros le entregamos todos los pedazos.

TERESA DE CALCUTA

Divina actitud que nos permite avanzar de una manera tranquila y feliz teniendo la certeza de que pisaremos suelo firme. Eso es fabuloso y está directamente ligado a nuestra seguridad interior, nuestra autoestima y nuestra felicidad de vida. Y es que una cualidad fundamental para la paz interior, y que nos trae el agradecimiento, es la confianza. Vivir con confianza es vivir tranquilo, en presente, practicando y entrenando el presente, con meditación, con respiración, con *mindfulness*, con atención plena.

Es fantástico saber que cuando algo venga estaré preparado para atenderlo, que no es necesario preocuparme en exceso y calentar mi cerebro de manera que luego envíe somatizaciones a mi cuerpo, muy incómodas y que no sé controlar y me cuesta razonar.

Vivir con confianza es saber que las cosas van y vienen y que me mantendré atento y tranquilo para hacer lo que tenga que hacer cuando sea necesario.

6. El perdón

> Si pudiéramos leer la historia secreta de nuestros enemigos, encontraríamos en la vida de cada uno de ellos las suficientes penas y sufrimientos como para desarmar cualquier hostilidad.
>
> Anónimo

Si queremos ser felices es básico perdonar, soltar, saltar, atravesar, pasar página. El perdón es otro potenciador de nuestra felicidad. Tenemos que saber perdonarnos a nosotros mismos, desde nuestra parte compasiva, comprensiva, empática y amorosa, como a los demás. Para hallar el verdadero propósito de vida es necesario practicar y entrenar el perdón. Perdonar no es olvidar; es soltar.

Muchas veces, y erróneamente, creemos que si perdonamos a alguien le damos la razón, que si lo dejamos pasar no habrá justicia, que si menguamos el rencor o el odio estamos rindiéndonos. Nada más lejos. El que perdona se hace un favor a sí mismo, corta ese cordón de energía tóxica que le une a la otra persona, se hace una limpieza emocional, es capaz de volver a comenzar, de volver a invertir toda esa energía a su favor. Por eso te sugiero que perdones como uno de los principales gestos de amor hacia ti.

7. La voluntad

La mente crea el puente, pero es el corazón el que lo cruza.
NISARGADATTA

Una faceta señalada que en ocasiones ha tenido muy mala prensa es la voluntad. A veces se ha entendido la fuerza de voluntad como esfuerzo y he visto a gente muy a favor del esfuerzo, caiga quien caiga, y otros que lo consideran poco menos que un pecado y creen que es necesario dejarlo fluir todo.

Como integradora que soy, te sugiero quedarte con lo bueno de ambas vertientes, con su integración para llegar a un equilibrio. Esto entendiendo que no resultaría saludable dejar que sople todo el viento, ni tampoco dejarnos el hígado por conseguir un objetivo quizá imposible. La voluntad, esa fortaleza que nace del corazón y de la razón, surge con una motivación intrínseca cuando uno sabe y siente lo que es para sí. La voluntad se entrena y es genial tenerla disponible y puesta a punto porque nunca se sabe cuándo la vamos a necesitar.

El que sufre antes de lo necesario
sufre más de lo necesario.
SÉNECA

Qué interesante esta frase de Séneca. De qué manera nos invita a reflexionar sobre la antelación, el anticiparse al tiempo con la sensación de que eso nos protegerá o nos permitirá un mayor control. Creemos que esa anticipación, esa **pre-ocupación**, sirve para prevenir el miedo, cuando realmente es lo que más lo fomenta.

La ansiedad muchas veces nace de estos síntomas, de vivir

adelantado por querer dominarlo todo: la salud eterna, la felicidad de mis hijos, la estabilidad económica, una garantía de compromiso eterno de nuestra pareja, etc. Esa ruta que hemos decidido tomar en esta era, junto a la velocidad que vivimos, al exceso de estímulos externos que nos ha sacado un poco de nuestro centro y de la conexión con nosotros mismos, genera miedo, angustia anticipatoria, somatizaciones, ansiedad, falta de aire, etc.

Con la voluntad de querer desarrollar la confianza, aceptando la nueva realidad y soltando vivencias y personas que es necesario soltar, agradeciendo cada día lo que eres y lo que tienes, podrás discernir con gran generosidad hacia ti, y escuchar con mucho amor a tu intuición, lo que te creará un pase directo a encontrar tu propósito en tu corazón.

LA BÚSQUEDA Y EL ENCUENTRO

Si siembras un pensamiento, cosecharás una acción. Si siembras una acción, cosecharás un hábito. Si siembras un hábito, cosecharás un carácter. Si siembras un carácter, cosecharás un destino.

PROVERBIO TIBETANO

El propósito de vida son los «por qué» y los «para qué» de la vida en sentido constructivo, en sentido motivacional, lo que me lleva a la necesidad de desarrollarme, de dejar huella, de sentirme útil, lo que conecta con nosotros esencialmente. Quizá en muchas ocasiones te hayas preguntado hacia dónde vas, qué sentido tiene lo que haces, si tienes un objetivo, qué es lo que más te gusta de la vida, dónde te gustaría estar en este momento, si te sientes orgulloso y satisfecho de lo realizado hasta ahora, si tienes ganas de seguir. Todas estas cuestiones están directamente relacionadas con el propósito de vida, con respondernos a las preguntas por qué, para qué, hacia dónde me lleva el camino que andan mis pasos.

En un sentido más profundo, el propósito de vida conecta con aquella parte de nosotros única y auténtica que aspira a más y a hacer algo por los demás, conectando con el sentimiento de utilidad, con el amor que somos, con aquello que podemos ofrecer al mundo y que además nos realiza y potencia. Es algo así como si lo mejor de ti mismo, lo mejor que puedes ofrecer al mundo, a su vez fuese la gasolina más potente y poderosa que llena tu depósito.

Los propósitos o motores de vida, como comúnmente se les ha llamado, pueden ser variados y pueden cambiar con el tiempo. Por ejemplo, en un momento determinado, nuestro propósito de vida puede ser la familia; en otro, ser voluntario y ayudar a construir un mundo mejor; en otro, ofrecer mis conocimientos y experiencias para ayudar a los demás; en otro, construir un ego fuerte y sólido con experiencias. En cualquier caso, su finalidad siempre nos lleva al mismo lugar: ser felices aquí y ahora.

Muchas veces, cuando nos encontramos en el torbellino de una crisis o nos sentimos perdidos, lo que nos sucede es que nuestra etapa de vida ha cambiado y no hemos identificado esa conexión con nuestro propósito. Por eso es importante desarrollar y trabajar, como decíamos, la atención. Según Albert Ellis, gran parte de los trastornos psicológicos vienen dados por exigencias irracionales a nosotros mismos. Sin atención nada sucede; es como ir en coche por la autopista sin coger el volante y con una venda en los ojos. Sin mirar, sin foco, no podemos tener dirección. Por lo tanto, trabajar y entrenar la atención es valiosísimo tanto a nivel neuropsicológico como vital.

Trabaja tu atención y cambiará tu vida hacia donde enfoques tu mirada.

CÓMO CONECTAR CONTIGO Y CON TU PROPÓSITO DE VIDA

1. El objetivo es el camino

Para poder conectar con el propósito de vida es fundamental plantearse objetivos de vida, ilusiones y experiencias. Muchas veces uno no sabe dónde está su propósito. En ocasiones este se ve alterado y se rompen valores antiguos. Es vital seguir teniendo experiencias y buscar objetivos de crecimientos para poder conectar con nuestro verdadero propósito de vida y nuestro sentido. Ese será el camino que recorras, el camino que te lleve a las cosas, el camino de la vida.

Esto se puede hacer, por ejemplo, con una tabla de objetivos donde podamos preguntarnos qué deseamos conseguir y a dónde queremos llegar. También podemos usar visualizaciones creativas para imaginar cómo puede ser el camino o qué querríamos incorporar en nuestra vida o alejar de ella.

2. Observa sin juzgar y comprenderás

Ya hemos dicho que necesitamos atender y observar nuestro estado, pues a veces esa conexión se adormece y desconectamos de nosotros mismos. Si esta desconexión dura algún tiempo, el cuerpo no aguantará mucho, es como si separásemos cabeza y corazón. Cabeza y corazón han de ir de la mano para sentirnos plenamente.

Es clave prestar atención a cómo estamos, observar nuestras sensaciones corporales, sin juzgar, considerar nuestros pensamientos y emociones pasajeras. Así lograremos vivir conectados. Pero no debemos obsesionarnos ni querer cambiar inmediatamente lo que hay o huir porque nos resulte desagradable, ya que cada cosa tiene su proceso y su significado.

¿Cómo se consigue? Con ejercicios de atención al cuerpo, relajación de Jacobson, con deporte consciente, con ejercicios en *slow*, bajando el ritmo de la mente y el cuerpo.

3. Libérate de las creencias

La red de creencias en la que nos movemos es algo fundamental en nuestro día a día. Por eso es preciso tenerlas en cuenta para poder verlas con distancia y distinguir si nos ayudan o nos limitan. Hay que entender que las creencias son un aspecto de la cultura de la familia, del grupo, que proviene de las experiencias previas o de los miedos. Se van heredando de generación en generación y a veces pasan muy sutilmente por nuestra vida. Hay de todo tipo: el dinero, el trabajo, las relaciones, la confianza, el éxito, el merecimiento, etc.

Los juicios, las expectativas, las exigencias a nosotros mismos y a los demás, que tanto nos alteran, hay que procurar minimizarlos y atenderlos de una manera consciente y equilibrada para que no nos atrapen con la emoción que conllevan.

Esto se fomenta con meditación y ejercicios de respiración, en los que vamos a observar cómo van y vienen los pensamientos, sin acompañar a ninguno. Los observamos como si de un espectáculo se tratara. Al principio puede resultar un poco difícil, pero con la práctica se consigue y nuestra mente se serena. Alcanzamos esa sensación tan anhelada de sosiego y paz.

4. De herencia quiero coherencia (y valores)

Aplicar valores de vida, desarrollarnos en crecer, en sentirnos mejor, en ser nuestra mejor versión, es algo que da paz, confianza y seguridad. Si deseas conectar con ello, conviértete en un experto en valores de vida. Para cada momento hallarás unos más relevantes para ti, así que aplícalos en tu día a día, para ti y para tu entorno. Pueden ser agradecimiento, equilibrio, amor, generosidad, altruismo, fortaleza, coraje, aceptación, éxito, armonía, paz, transformación, eficacia, flexibilidad, perdón, goce, alegría, atención, presencia, amabilidad... ¿Te animas?

Esto se desarrolla conociendo los valores de vida, haciendo ejercicios diarios en tu agenda de vida donde incluyas los valores y los propósitos del día en consonancia contigo y el momento de tu vida. Ir paso a paso, con calma, construyendo poco a poco el camino y disfrutar de él y de su enseñanza.

5. Un sentimiento de utilidad, ¡qué divinidad!

La especie humana necesita sentirse útil para desarrollarse y evolucionar. La utilidad nos genera plenitud. Si nos paramos a reflexionar nos daremos cuenta de lo precioso que es que nos encante y nos haga feliz estar al servicio de los demás. Y no olvidemos la coherencia cardíaca y la coherencia en nuestra persona. Es decir, que nuestro propósito de vida tendrá que ser coherente con lo que pensamos, sentimos y hacemos. Y ahí entran en juego nuestros valores, nuestra esencia. Solo así podremos ser felices.

Desarrollaremos nuestra fuerza de utilidad realizando acciones desde el corazón de manera desinteresada, haciendo algo por alguien que jamás te podrá devolver el favor. Aplicando amabilidad en tu vida y en la de los demás.

LA HISTORIA DE X: UN TROCITO DE MÍ

Hace unos años, después de un tiempo de mucha intensidad de vida familiar y laboral —cuatro hijos en cinco años, una empresa, un doctorado y alguna cosa más—, me sentía cansada. Me costó admitirlo, pero estaba muy cansada. Decidí hacer un alto en el camino y tomarme unos días para mí sola. No quería hacer nada más que acudir a un retiro de meditación transpersonal con José María Doria, al que quiero y admiro mucho. Además, le conozco desde muy joven, a pesar de que nos habíamos perdido la pista en los últimos quince años. La casualidad quiso que unos meses antes del retiro me encontrara su libro en una librería. Parecía que lo habían colocado para mí. Lo compré sin pensarlo, lo abracé cual tesoro y fui corriendo a contarle a Jesús, mi marido, lo que había descubierto. Después escribí a José María. Increíblemente su teléfono seguía grabado en el mío. «¡Mira lo que he visto!», le dije con alegría. «He sentido que volvía a casa, ojalá nos veamos en algún momento.» Él me respondió: «Así será».

Empecé a leerlo y me quedé asombrada. Hasta me pareció algo esotérico cuando vi que el primer capítulo se titulaba «La vuelta a casa». Este hecho sincrónico, como otros tantos que he tenido en la vida, es, sin duda, uno de los que marcaron un antes y un después en una etapa difícil y preciosa, en la que me salí de mi centro y tuve que bajar de nuevo a mí, volver a casa para poder reconectar y seguir.

Cuando por fin llegó el día en que debía marchar al retiro espiritual, desde el momento en el que preparé la maleta tuve la sensación de irme de acampada, como cuando era joven. Ese viaje de cinco horas en tren leyendo, viendo películas y escuchando música ya fue toda una experiencia.

Estaba llena de energía: la novedad, los compañeros, las actividades que íbamos a realizar, todo me producía un estado de entusiasmo en el que me reconozco en algunas ocasiones.

Llegué al monasterio y me encontré un maravilloso jardín lleno de encinas, arcos de madera, un laberinto muy armonizado y una pequeña fuente que hacía resonar una cascada de agua sutil y relajante. «¡Qué bonito lugar!», musité para mis adentros.

Después de instalarnos, nos reunieron para explicar «las reglas del juego», como llaman a las normas durante esos días. La actitud será monacal, no se habla, en el comedor habrá silencio absoluto, piden que ralenticemos nuestros movimientos, existe orden en el descanso, en los horarios, una dieta sana —y riquísima, por cierto— y actividades de meditación, respiración, movimiento, relajación y charlas.

¿Cuál fue mi gran sorpresa? No contaba con algunas de las reglas. Tampoco había pensado mucho: solo me había animado a la experiencia, mentalmente quizá justificada con un reciclaje para mi profesión e impartido por alguien a quien conocía.

Mi gran sorpresa fue dejarme fluir, jugar a este magnífico juego, entre otras cosas. Nunca pensé que el silencio consciente fuera tan sanador, tan apetecible. Pasé de querer hablar todo el rato, de escuchar y compartir desde la palabra, a valorar la magia del silencio contemplativo, observando lo que hacía, lo que comía, lo que pensaba de manera consciente, y comunicarme desde ahí. ¡Qué sensación y qué experiencia!

De esos tres días allí me quedo, sobre todo, con esto: la importancia de la pausa, del cambio, especialmente en momentos agitados de nuestra vida. Y doy las gracias por que existan espacios como aquel para volver a poder practicar ese silencio consciente, que tanto inspira y tanto bien hace. Gracias por los espacios de meditación y respiración, maravillosos para vivir sana y conscientemente. Gracias por recordarnos lo importante que es la atención consciente en nuestras vidas y para nuestro ser.

EJERCICIOS PRÁCTICOS

1. Descubrir quién soy, qué quiero, qué me hace feliz. Redacta en una hoja quién crees que eres, lo que sabes de ti, los mensajes que te vienen de ti, con qué conectas, quién hay en esencia en ti.

2. ¿Qué quiero? Redacta qué quieres en este momento de tu vida, qué crees que quieres, qué sientes qué quieres.

3. ¿Qué me hace feliz? ¿Qué creo que me haría feliz? Escribe lo que te hace feliz, lo que piensas y sientes que te hace feliz. Pon atención sobre qué crees que necesitas, qué anhelos o carencias sientes que hay en tu día a día.

4. ¿Quién fui? Ejercicio de *background*, de recuerdo o imagen que tenemos de quiénes somos, lo que hemos

conseguido y de lo que somos capaces. Escribe tu trayectoria, tus hitos más significativos, tus puntos de inflexión, lo que te ha construido como persona. Anota aquello que te dice qué eres, lo que crees que eres. Observa con amabilidad y agradecimiento.

5. Ponte manos a la obra para autocuidarte, parar tu ruido interior y prepárate para enfocarte hacia el propósito.

6. Alimentación y nutrición. Cuida lo que comes, atiende a cómo comes y cómo te nutres. Observa los cambios en tu estado de ánimo y tu energía vital durante una semana y anótalo.

7. Autocuidado. Observa en tu día a día qué espacio reservas para cuidarte y mimarte o para simplemente estar contigo a solas. Anótalo cada día durante una semana.

8. Descanso. ¿Cómo descansas? ¿Duermes bien? ¿Cómo son tus hábitos de reposar y dejar que la mente duerma para realizar otras funciones importantes? Lleva un diario de sueño durante siete días y aprende qué hábitos y situaciones propician un mejor descanso.

9. Meditación. ¿Te gustaría hacerte un regalo de descanso mental? Medita cada día. Empieza por un minuto al día y cada semana ve sumando uno más. Puedes parar al llegar a donde quieras, lo ideal es llegar al menos a diez minutos. Pero si solo puedes cinco, haz cinco. Todo está bien.

10. Movimiento. Haz ejercicio consciente, que te recargue de energía; yoga, *chi kung*, estiramientos, etc. Cuida tu físico y tu espíritu a la vez. Equilibra tu energía vital, para que puedas permitirte el lujo de ser feliz y dar, mientras sientes que estás abierto a recargarte y a recibir del entorno y sobre todo de ti mismo.

! El silencio interior nos traerá la conexión con nosotros mismos. Fortalecerlo con respiración y meditación será un regalo en tu vida.

! Encontrar el propósito de nuestra vida es de las mejores cosas que esta puede ofrecernos.

! Poner de moda valores humanos y de vida será el mejor legado que dejemos en nuestro corazón y en el de los demás.

! Recuperar el entusiasmo, la alegría de vivir y mantener esto como una actitud de vida hará que podamos tener la batería de energía interna y emocional muy recargada y podamos ofrecer esa energía al mundo que nos rodea.

Capítulo 6

LA FELICIDAD.
HABLEMOS DE SER FELICES

¿QUÉ ES LA FELICIDAD?

¿Feliz yo?

Claro que sí. Todos podemos ser felices. Sobre todo, y esta es la primera razón, porque es nuestro estado natural, es el estado en el que nos encontramos cuando tenemos presencia plena, cuando vivimos en el presente, aquí y ahora. Ese estado que se nos olvida, que desaprendemos por nuevas costumbres y ese estado que anhelamos y que el ser humano busca.

Necesitamos entender que se vive en constante equilibrio entre polos que aparentemente serán opuestos. Hemos de obligarnos a comprender la vida con sus circunstancias y sus particularidades, pues en ella atraviesan dolor y crisis, pero también momentos de disfrute y gozo. La realización del anhelo de felicidad pasa por comprender el tiempo, que todo cambia, todo pasa, todo se va y viene. Pasa por comprender nuestra naturaleza finita, por comprender que todos los seres humanos queremos nuestro propio bien, y claro que podemos conseguirlo. Por eso estás aquí, querido lector: para continuar tu hoja de ruta y ser feliz o darte cuenta de que ya lo eres y a lo mejor no lo sabías.

Recuerda que, para ser feliz, no solo es necesario serlo, es importantísimo saberlo.

¿Qué es ser feliz? La fórmula de la felicidad

Podría haber varias fórmulas de la felicidad, pero para mí lo que marca la diferencia en la fórmula de la felicidad es la actitud. Es la clave para afrontar y entender lo que nos sucede en la vida, para tomar decisiones, para renacer y ser resilientes a la vez que aprendemos de lo que nos sucede, valorando y agradeciendo la vida tan maravillosa que vivimos o el momento tan difícil que pasamos.

La felicidad se compone de muchas cosas. Se compone de valorar, de saber que tenemos un tiempo limitado en esta vida, de ser conscientes de que somos únicos en este mundo, de tener unas aptitudes y unas capacidades que podemos desarrollar, de querer dejar huella de nuestro paso por aquí. Necesitamos hacer algo útil con nuestra vida, darle un sentido; está en nuestra naturaleza, queremos realizarnos y sentir que somos felices habiendo encontrado el propósito de nuestra existencia, como contábamos en el capítulo anterior, y sintiendo que todo esto es para y por algo.

En ese propósito se incluye conocer todo lo referido. Saber que querernos es una base importante para ser felices, que eso posibilitará estar conectado con nosotros mismos, respetarnos, cuidarnos y, como consecuencia, sentirnos bien. Si nos sentimos bien, automáticamente querremos salir al mundo a contarlo, y dar lo mejor de nosotros porque querremos hacer felices a los demás. No lo olvidemos: el ser humano es social por naturaleza, necesita sentirse conectado con los demás. Y si esto ocurre desde el ser más profundo, desde la verdad de cada uno, nos hará sentir bien, acompañados, queridos.

¿Te has parado a pensar alguna vez por qué te sientes tan bien cuando alguien te escucha y te comprende? ¿O por qué te sientes bien cuando no te notas juzgado o no te juzgas? ¿O por qué te sientes bien cuando ayudas a alguien sin esperar nada a cambio?

Está demostrado científicamente que la química que nos produce bienestar se dispara con las buenas acciones, con la hermandad, con las relaciones sociales, con la sensación de ser útiles, de tener algo que hacer para ofrecer y servir a los demás. Esto es aplicable en nuestro trabajo. No creamos que solo son felices las personas que trabajan en ONG o en profesiones altamente vocacionales. La vocación de aportar no va tanto en la profesión en sí, sino en la actitud de servicio, de hacer el bien y hacerlo bien. Es muy gratificante que la gente te sirva bien, ya sea en el mundo de las finanzas, de la administración o de otros sectores: el arquitecto que construye tu casa, el camarero que sirve tu comida, etc. Es fantástico sentirse bien tratado, bien atendido, y también lo es hacerlo por los demás. Por eso tu trabajo no es tanto lo que haces, sino cómo lo haces, con qué actitud, con qué intención: con la voluntad de ofrecer la maravilla que somos.

Esto, como decía mi padre, tiene efecto *boomerang*: lo que va vuelve. Por eso siempre propongo que seamos conscientes y empecemos aportando nuestro granito de arena de actitud, amabilidad, cuidado y atención; que entendamos que la productividad se hace más grande cuando nace del corazón y de la intención de ayuda noble y verdadera.

Teniendo en cuenta todo esto, una posible fórmula de la felicidad se resumiría del siguiente modo:

$$V = (C+H) \times A$$

donde V es valor, C es conocimiento, H es habilidad y A es actitud, y se entiende que el valor personal (lo que me valoro y quiero) sería igual al conocimiento más la habilidad, multiplicado por la actitud. Esta es la gran diferencia, la actitud es la que marca la diferencia.

Nuestro estado natural es estar contentos, estar bien, estar con las emociones derivadas de lo que nos sucede y regularnos. Nuestro estado natural es estar abierto, predispuesto, estar alegre, ser feliz. Pero que sea lo natural no quiere decir que sea lo normal. Parece que es más normal estar en un estado de agobio, estrés, preocupación. ¿Por qué se habrá puesto de moda estar preocupados si no forma parte de nuestro estado natural como seres humanos? ¿Te lo has preguntado?

El estado de ánimo es algo que se puede trabajar; no estamos condenados a ser nada, sino que es nuestra responsabilidad. Eso es la psicología positiva: centrarnos en lo más importante en nuestra vida, bajar el ritmo, aterrizar, centrarnos en lo que es realmente importante para nosotros.

Sin embargo, a veces creemos que no merecemos ser felices, y claro que nos lo merecemos, pero desde la búsqueda activa, desde el trabajo personal, con una psicología activa, no desde el reclamo y la exigencia, ya que esto nos llevará a la sensación de escasez, de que somos víctimas, de pensar que la vida nos debe alguna cosa. Esto nos sitúa en un plano psicológico y de actitud que no nos moviliza ni nos ayuda a conseguir lo que deseamos, ya sea un objetivo externo o interno.

Por eso es muy importante sentir que te lo mereces y sentir que eso forma parte de un trabajo en el que vas a poner intención, planificación, voluntad y aceptación. Porque la felicidad entiende mucho de aceptación y de rendición, que no es resignación. La rendición no es darse por vencido, ni sentirse perdedor, ni tirar todo por la borda. La rendición implica aceptar lo que hay, confiando y sabiendo que hemos hecho lo que podíamos, admitiendo que las cosas no están bajo nuestro control y reconociendo nuestras limitaciones con amabilidad y amor hacia lo humano. La resignación es dejar tapadas las emociones que suscitan las circunstancias: frustración, culpa, rabia, rencor, y no depurarlas, haciéndonos a la idea de que no nos queda otra opción. La diferencia es grande, ¿no te parece?

En ocasiones pensamos: «Yo, que no tengo grandes tragedias ni dramas o, mejor aún, que he ido superando lo vivido, noto que me falta algo, no me siento lleno del todo. ¿Es normal? ¿Puedo hacer algo?».

Cuando no se tienen tragedias, que es lo que nos pasa a la mayoría, lo que tenemos son circunstancias por resolver, unas más grandes, otras más inmediatas, unas que nos afectan más y otras menos. Es la cotidianidad de la vida: no podemos perder esa alegría por tener circunstancias que resolver. Es más, podemos ser felices resolviéndolas. Debemos dejar a un lado el pensamiento de que la tranquilidad y la felicidad vendrán cuando todo esté resuelto en nuestra vida, porque es una irrealidad.

La felicidad está en hacer el camino.

Cuando resolvemos algo, nos sentimos bien, sentimos alegría y felicidad interna. Pero la vida se compone de muchas cosas, unas pueden estar arregladas, otras no, y es importante mantener esa mirada, disfrutar de lo resuelto y saber que cada cosa tiene su momento. En el camino de resolver algo con confianza se puede ser muy feliz, aunque tengamos dudas, incertidumbre e incluso miedo. Lo importante es no exigirnos más de lo natural, no querer controlar lo que no se puede, porque irá contra nosotros, contra nuestro estrés, y disparará la química cerebral que nos hace daño. Y así empezarán los pensamientos anticipatorios negativos.

Hay que confiar y seguir; respirar, vivir, probar, caer, levantarse y volver a andar; poner una sonrisa, descansar, conectar, llorar, soltar y reiniciar de nuevo. Mientras tanto, debemos saborear, sacar esa esencia de aprendizaje y disfrute verdadero; esa es la vida feliz. Y siempre ser agradecido por todo lo que nos genera este gran valor y actitud que nos sitúa y nos conecta directamente con la felicidad, con la confianza, con la buena suerte. El agradecimiento, el sentirse afortunado por el más mínimo detalle que nos suceda, es algo muy edificante para nuestro cerebro, para nuestra salud emocional, para nuestra vida y para nuestra relación con los demás. El agradecimiento se trabaja, depende de la voluntad, de la acción y de la perseverancia. Esto nos da el superpoder de ser capaces de decidir qué queremos hacer y dónde nos queremos situar en nuestra vida. Es parte de la amabilidad.

¿Cómo te sientes cuando alguien es amable, amoroso e intenta ayudarte en momentos de necesidad? Pues he ahí la cuestión. Si comenzamos a ser amables con nosotros mismos, nos respetamos, nos damos mensajes de ánimo, nos cuidamos, tenemos paciencia con nosotros, con lo que vivimos y no nos «achuchamos» innecesariamente, lo trasladaremos a los demás. Y la corriente de energía amable genera más energía amable. La consecuencia de ello es un estado de felicidad.

Ayúdate y empújate

Primer principio para ser feliz de verdad: sé amable contigo, conviértete en alguien que se ayuda a sí mismo. Date un empujón con mensajes del tipo: «la próxima vez será mejor», «venga, adelante, que lo estás haciendo bien», «poco a poco», «todo va bien». Puedes escribirlos, dejarlos en un lugar visible de tu casa o el trabajo, pensarlos durante el día, o hacer una meditación diaria de unos minutos donde te des ese mensaje de amor para ti mismo.

Encuentra el «mantra» o las frases que te lleven a la paz interior y te conecten con la serenidad que eres, con el amor que tienes por ti mismo. Después, date tiempo para que tu cerebro cree estas rutas de amabilidad y amistad contigo, verás el regalo de vida que te vas a hacer.

La alegría, buen aliado de la felicidad

La alegría es, como hemos visto en capítulos anteriores, un estado de ánimo que sentimos cuando estamos a gusto en una situación concreta. Por algo que ha pasado recientemente o por un recuerdo placentero que evoca un pasado lejano. Así, podemos sentirnos alegres porque estamos realizando una actividad divertida, nos han podido contar algo que nos alegra, etc. Pero la alegría interna y profunda, aquella que constituye en parte la felicidad, no ocurre por un motivo concreto: forma parte de esa conexión con uno mismo y con la vida, y forma parte también de una actitud y una apuesta por estar bien.

El signo más fácilmente reconocible de la alegría es una sonrisa, aunque se exterioriza en cada persona de forma diferente. Hay personas a las que no se les nota en absoluto que están alegres. Además, la alegría verdadera se vive en momentos neutros o incluso en momentos difíciles, cuando uno conecta con la comprensión de lo que sucede, lo trasciende y va más allá. La alegría verdadera invade el alma, la llena de energía y automáticamente percibimos en el otro, en sus palabras y en su trato que está alegre.

La alegría verdadera es una actitud, es un estado interno, que viene por varias vías: existe, por un lado, el componente personal de cómo proceso lo que sucede, cómo reacciono y vivo los hechos específicos; por el otro, el componente de tener el foco atencional en los pequeños gozos dados y recibidos, y saber agradecer y elevarlos a otro estado más profundo, camino de la felicidad. Es una capacidad maravillosa que nos servirá para que nuestro interior se sienta abundante de luz.

Qué alegría, ¿verdad?

La suerte

¿Te has parado a pensar qué es la suerte para ti?

La gente feliz sabe que la suerte está compuesta de varias cosas. En primer lugar, se trata de una actitud más que de algo divino. Esto es fabuloso porque deja en nuestras manos hacer cosas y no esperar a que nos lleguen. ¿No te parece una suerte?

La suerte es trabajo: es organización, visión, esfuerzo, es generar oportunidades, compartirlas e incluir a otros para que también tengan suerte. Eso, a su vez, generará aún más: la suerte compartida es buena por partida doble. La suerte consiste en ir «a favor del vagón» y no en contra de la marea; pasarse la vida yendo en contra de las circunstancias para que estas cambien no es el mejor método para avanzar. El coste posiblemente será más alto que si generamos otro camino o empujamos a favor del que queríamos cambiar y poco a poco lo vamos redireccionando.

Déjate asombrar por lo inesperado
que esconde cada circunstancia.

La suerte es saber que existen muchas opciones en la vida. No es solo la que vemos. La buena suerte se compone de la actitud de poder dejarse sorprender y emocionarse con la vida, de esa mente de principiante que toma cada oportunidad como algo nuevo, con esa mirada del niño que se abre a la vida y a las circunstancias para vivir y recoge el regalo que lo está esperando.

La suerte es no tener la negativa como respuesta constante. Es tener una actitud receptiva y presuponer que lo mejor te puede ocurrir. La suerte incluye una actitud de proyección en el futuro y de confianza en la vida, sabiendo que al mismo tiempo existe un trabajo por hacer. Es inteligente decir no, pero lo es más aún discernir cuándo decir NO.

La suerte sabe mucho de resiliencia: va muy ligada a las caídas y a volverse a levantar. Es la actitud de ver el vaso medio lleno en vez de medio vacío: esto es lo que hace que tengamos motivación para seguir.

La suerte es usar la frase «¡qué suerte tengo!» porque encontraste un hueco para aparcar, por ejemplo. Tener suerte y ser consciente de ello es una gran suerte.

La suerte es la sensación de estar lleno y satisfecho personalmente. La riqueza y la abundancia están presentes en muchos aspectos: a nivel familiar, a nivel interno, a nivel de relaciones, a nivel espiritual, a nivel material, etc. También en reconocerse a uno mismo como ser único y especial en el mundo, que tiene mucho que aportar y dejar. No prives al mundo de ello, porque, para los demás, tenerte es un regalo y una suerte.

La suerte es saber reconocer las limitaciones reales de la vida, sin que sean causa de frustración y abandono: ¿seguro que no puedes hacer otra cosa?

No lo olvides nunca: la suerte, en definitiva, está en ti.

¿CÓMO PUEDO SER FELIZ?

Quieres ser feliz. Todos lo queremos, seamos conscientes de ello o no. Y ahora sabes también que la felicidad carece de causa: es un estado interno y que depende de nuestro trabajo, voluntad y responsabilidad. Para acercarte a ella, para ayudarte en tu viaje de felicidad, te voy a dar primeramente algunas ideas y después te voy a contar algunos trucos de la gente que es feliz.

Conocer tus límites

Quizá es algo en lo que nunca reparamos. Pensamos que no podemos hacer ciertas cosas; las vemos imposibles de tanto que las deseamos o porque nunca lo hemos experimentado, ni hemos visto a nadie experimentarlo.

Por ejemplo, creemos que no podemos volar porque nadie ha volado nunca y porque parece que las leyes de la física y la biología no nos apoyan, pero ¿qué pasaría si un día viésemos volar a alguien? ¿Cuánto piensas que hay de creencia —valga la redundancia— en lo que crees? ¿No has pensado nunca en volver a mandar una carta a los Reyes Magos ahora de adulto, y dejar volar la fantasía, los sueños, la imaginación y la fe? Te animo a que lo hagas. El que no sueña no es realista. Como el momento es ahora, te propongo que hagas esa lista de sueños que te gustaría lograr y disfruta del momento. Date permiso para pedir y soñar.

Creer es crear.

Otro principio importante y necesario para ser feliz es la confianza, un aspecto que ya hemos abordado a lo largo de estas páginas. La actitud de confianza nos da ese poso de tranquilidad, de que la vida va a nuestro favor, de que estamos en un lugar seguro. Es mucho más útil para nosotros centrarnos en confiar que en preocuparnos. Preocupándonos no resolvemos nada, aunque creamos que sí. Confiando creemos que abandonamos las cosas al destino y eso nos asusta. No es así: confiar también es rendirse a cuando las circunstancias mandan y ocuparme de lo que sí puedo hacer. Confía en la vida, confía en el hoy, en el mañana, en la utilidad del ayer. Confía en lo que deseas. Sueña, disfruta, confía y espera con esperanza y alegría. Todo llegará.

Piensa que todo conspira a tu favor y así será. Piensa que detrás de cada gesto, de cada circunstancia, hay un mensaje positivo. Hay un aprendizaje y una llave para aprender de nosotros mismos y una oportunidad para mejorar.

Descubrir el poder de la sonrisa

Quizá nunca te hayas parado a pensar en las capacidades o los poderes que tienes. Pues bien, tienes poderes y la sonrisa es uno de ellos. La sonrisa es el ejercicio del alma, la vitamina del corazón y una de nuestras ventanas al mundo. Cada vez que sonreímos estamos fabricando endorfinas y potenciando la síntesis de serotonina para nuestro cerebro que nos llenará de la sensación de estar bien, satisfechos y contentos. Cuando sonreímos a alguien generamos una cadena positiva de energía y emociones, segregamos oxitocina y creamos vínculos de bienestar, ayudando a que la gente sea feliz. Al sonreír, le decimos que sí al mundo.

Sonríe siempre que puedas, a quien puedas, para saludar, para dar las gracias, como gesto de simpatía, como gesto de cercanía y amabilidad, como gesto de bondad. De este modo te darás cuenta de lo poderoso que puede llegar a ser y el bien mutuo que generarás.

Recuerda: al que sonríe, le sonríen. ¡Puedes empezar por sonreírme ahora al leer este texto!

Aprender a vivir sin miedo

El miedo es uno de los sentimientos más paralizadores que experimenta el ser humano. Si supiéramos que la mayoría de los miedos que tenemos son infundados, irreales y que hay pocas probabilidades de que nos sucedan, nos sentiríamos un poco ridículos cuando los experimentamos. Aun así, el cerebro a veces quiere creérselos porque está preparado para creer todo lo que se dice, y además, si se le dice con mucha frecuencia, incluso querrá hacer realidad esa creencia. Cuando recibe la orden de peligro, el cerebro emite a su parte emocional la orden de sentir susto, parálisis, angustia, desconfianza e incluso fobia. Esto nos lleva a varias posibilidades: afrontarlo, combatirlo, evitarlo, salir corriendo, sentir más miedo aún o paralizarnos, sintiéndonos indefensos.

El miedo hay que combatirlo enfrentándose a él, si se puede, y descubriendo que lo que había dentro del armario no era más que una chaqueta que parecía un monstruo. Generalmente, se trata de impresiones irracionales y las sensaciones que genera son orgánicas e incómodas. Pueden darnos a su vez más miedo por no poder controlarlas: ansiedad, preocupación, sudores, temblor de piernas, llanto, malestar de estómago. Sin embargo, si aprendiéramos a ponernos un chip que nos recordara que es prácticamente imposible que nos suceda lo que tememos y que, cuanto más lo pensemos, más poder le damos, todo iría mejor.

Por eso, cuando el miedo ataque y quiera avisarte, evalúa la situación. Si no corres peligro, aunque creas que sí, practica relajación, respiración, usa la cabeza, coméntalo con alguien para saber lo poco probable que es, busca recursos para combatirlo, enfréntate a él y demuéstrate que tú vales mucho más. Que al final solo era eso: miedo.

Recuerda: cada vez que uno se enfrenta a sus miedos se demuestra lo grande que es.

Afrontar las adversidades

Las situaciones adversas pueden resultar dolorosas, tristes, desagradables o críticas, pero sobre todo son muy incómodas. Vivir una situación difícil, un disgusto grande, un dolor, una pérdida, importantes problemas económicos, familiares, laborales, es un sufrimiento y, por qué no decirlo, un tostón. Digo «tostón» porque, aparte de la situación puntual, hay que vivir con emociones incómodas, que no nos ayudarán *a priori* a pasar esta enfermedad estacional que es la adversidad.

Dicho de otro modo, si a una gripe en la que notas fiebre y dolor de cuerpo, le sumas que tienes que guardar cama y no puedes leer o ver la tele, por ejemplo, la gripe se hace más insufrible si cabe.

Esa adversidad será una circunstancia de la que aprenderemos algo seguro, pero este aprendizaje puede tardar días, meses e incluso años. Es posible que a veces ni siquiera le encuentres el sentido, pero mientras vives el momento duro, mi sugerencia es que te apoyes, que busques. ¿Por qué no optimizar al máximo los recursos y minimizar al máximo esas dosis de sufrimiento? Es decir, si inyectamos dosis de cura, de calorcito y de momentos reparadores a las dosis de sufrimiento que provocan una situación adversa, el mal trago o el sufrimiento será menor.

Propongo que cada uno encuentre su modo: rodearse de amigos, ir al psicólogo, pasear por el parque, irse de viaje, coger una baja y curarse de esta gripe del alma; leer y ver películas, salir de cañas, divertirse, entretenerse; buscar nuevas aficiones, aprendizajes; acercarse a gente que haya pasado por algo similar, a gente comprensiva que te pueda apoyar y ofrezca su hombro, a gente que te quiere y te ayuda a volver a sentir quien eres. Pon los medios, confía, ten paciencia y deja pasar tiempo. Piensa que esto también pasará.

Soñar despierto

Otro gran poder que tenemos es soñar despierto.

¿Qué te parecería si pudieses elegir lo que sueñas, dedicarle un rato del día y encima saber que, si lo haces, tienes más probabilidades de alcanzar tu sueño? Qué maravilla, ¿no?

Sueña despierto, sácale partido a ese regalo. Crea una imagen, un momento, una persona, un lugar y disfrútalo. Si este sueño lo repites de manera consistente, consciente y con cierta frecuencia, tal vez la ficción se haga realidad. Este es otro de nuestros grandes y desconocidos superpoderes. Recuerda: el que sueña despierto es muy realista, y el que lo cree lo ve.

Trucos

1. Compra un pequeño cuaderno. Llámalo como quieras, será tu cuaderno secreto de sueños y deseos.
2. Escribe los sueños. El cerebro se entera antes, lo recibe como algo que está sucediendo y te lleva a ello sin que te des cuenta.
3. Apunta pequeñas cosas especiales. Cosas que te suceden en el día, ya sea algo que ves en la calle o un momento con un amigo o tus hijos.
4. Usa el presente. Por ejemplo: «Me encuentro con una sorpresa».
5. Evita el uso de la palabra «NO». El cerebro sabría lo que no quieres, pero no te podría poner en la dirección de lo que quieres.

6. Evita poner nombres personales.
7. Sé agradecido.
8. Acuéstate siempre con los deberes hechos, ya sean tareas logísticas o emocionales.

Ser agradecido es una actitud

Seguro que por insignificante que te parezca, hay algo por lo que puedes dar gracias todos los días. Puede ser esa estupenda chocolatina que disfrutaste en tu sofá o aquel operador de trato agradable que te ayudó a gestionar un trámite. Puede que te hayan dicho «te quiero» o incluso puede que te hayan llevado a París a cenar al Kong.

Conectar con el sentimiento de agradecimiento, pensar que la vida nos favorece, aunque a veces solo sea con aparentes «pequeñeces», nos ayuda a ser más felices.

Esto no quiere decir que en ocasiones no podamos estar enfadados, ni disgustados, o que haya cosas que nos gusten y disgusten a la vez, pero instalarnos en esa actitud, en la queja o en la desdicha, no nos va a ayudar a hacernos mejores ni a sentirnos más felices.

Permítete conectar con lo que sientes y con lo que piensas y busca la manera de canalizarlo; a continuación, sé inteligente, usa la cabeza y busca ser feliz. Recuerda que la felicidad es un trabajo

Hacer algo desinteresadamente

Otra capacidad que poseemos es el poder realizar cosas de manera altruista. Lo que aquí y ahora tratamos es la donación como acto de generosidad y amor.

Sería estupendo encontrar la manera de poder ofrecer al mundo algo de nosotros desinteresadamente. Aunque no lo sepamos, la vida es en parte un huerto donde se siembra, un banco donde se invierte de otra manera; piensa en lo importante que resulta tener invertidas cosas tan estupendas como el amor, la ayuda, la esperanza, la buena voluntad, el esfuerzo. Todas ellas van a revertir siempre en tu persona: ¡invirtamos en nuestro banco de valores de vida!

La ayuda desinteresada es una gran autoayuda.

Invierte (también) en aquello que un naufragio no te pueda arrebatar. Para materializarlo de manera sencilla, puede ser desde llamar a un amigo para interesarte por cómo se encuentra y ofrecerle tu apoyo, irte de voluntario a África o ayudar a subir las bolsas de la compra a esa madre con carrito. Hazlo sin buscar una recompensa. Pronto descubrirás que la recompensa interna que obtienes siempre es mayor.

¿QUÉ HACE LA GENTE QUE ES FELIZ?

En primer lugar, recordemos que ser feliz no es un don: es una actitud, es una decisión que se toma y que se trabaja, es un hábito que se entrena. Si hemos decidido que queremos entrenarnos para ser felices, comencemos por realizar unas acciones previas para saber cómo lo hacemos en nuestra vida.

Todo el mundo quiere ser feliz, pero no todo el mundo se ocupa de ello o no todo el mundo sabe cómo. Para iniciar un cambio es necesario creer que ese cambio es posible. Hay que tomar conciencia de que son los factores internos los que deciden sobre nuestra felicidad, no los factores externos. Aceptar todas nuestras emociones, incluidas las que nos generan sensaciones que no nos gustan y con las que nos sentimos incómodos, forma parte de nuestra felicidad.

Empieza por elaborar una lista de las cosas que sueles hacer en tu rutina diaria para saber de dónde partimos. ¿Cómo es tu día a día? ¿Cómo es tu vida? ¿En qué momento de vida estás? ¿Necesitas un cambio? ¿O estás bien, aunque te resulta útil esta información para hacerte una ITV? ¿Hay algo que desees mejorar?

Para ser feliz hay que poner intención, ganas y acción. Hay que hacer los ejercicios que la ciencia propone para subir nuestro nivel base de felicidad. Se puede aprender a salir de los bajones y del bucle cuando vienen si le echamos la misma paciencia, ganas y persistencia que ponemos con un nuevo deporte. ¡Entrénate en ser feliz!

En tu cuaderno, que puede llamarse «Agenda de una vida feliz», anota los siguientes apartados en los que se concentran las personas felices:

1. Dónde ponemos el foco de atención

Una de las cosas más importantes para nuestra felicidad es dónde ponemos nuestra atención. En lo bueno o en lo malo, en el fracaso o en el aprendizaje, en nuestros éxitos o en las cosas que no hemos logrado. Según la ciencia, la felicidad es una elección. Podemos elegir dónde centrar nuestra atención. ¿En lo positivo o en lo negativo? Hasta podemos elegir lo que pensamos y manejar a nuestro favor las emociones que sentimos. Cuando elegimos asumir la responsabilidad de nuestra vida, algo extraordinario pasa.

2. La salud

Nos centramos en la salud y la conexión entre cuerpo y mente como principal autocuidado, pero aceptando nuestras circunstancias y lo que no podemos cambiar. Buscamos soluciones para lo que sí se puede modificar.

La gente feliz atiende su salud y aprecia el valor de su cuerpo como el lugar que habitamos y nos lleva en esta vida. Por eso cuida sus hábitos: el sueño, la alimentación, el ejercicio, la meditación, la organización. Procura vivir el día, desarrollar esos objetivos personales y finalmente agradece y recuerda momentos mágicos del día.

Los hábitos de vida están directamente relacionados con nuestra felicidad. Un orden con flexibilidad nos trae salud y equilibrio. La gente feliz se hace responsable de sus rutinas y decide tener hábitos beneficiosos y saludables para su cuerpo, se entrena y se cuida.

3. Las relaciones

Si son de calidad, superficiales, profundas, si suman, si restan, si nos hacen ser mejores personas, si nos contaminan, si nos hacen crecer, si nos quitan la energía, si nos inspiran, si nos hacen pasar un rato agradable. Hay que recordar lo que vimos un par de capítulos atrás: hay una influencia directa y muy grande de las personas que nos rodean sobre nuestra forma de ver la vida, de actuar y de pensar. La gente feliz busca relaciones sanas, de corazón, sinceras, que les llenan, relaciones que suman y van orientadas a hacerles mejores personas.

4. La comunicación

Emociones y pensamientos, qué tipo de lenguaje usamos, cómo decimos las cosas, cómo nos hablamos a nosotros mismos, qué tipo de cosas expresamos. La gente feliz apuesta por una comunicación saludable y sabe que el bien se hace más grande cuanto más se comunica.

5. Las emociones

Qué sientes, cómo lo sientes, con qué intensidad, cómo manejas tus sensaciones, emociones y sentimientos. La gente feliz se especializa en sí misma, atendiendo a sus emociones, aprendiendo a manejarlas y conociéndose interiormente.

6. El miedo y el fracaso

A menudo, el miedo al fracaso pone palos en las ruedas para que seamos felices. Dejamos de hacer cosas para no sentir el dolor que supone fallar, sin darnos cuenta de que el fracaso es necesario en el camino a nuestras metas. Simplemente, hay que saber cómo lidiar con él porque si no aprendes a fallar, no aprendes. La gente feliz sabe que los errores son experiencias y nos enseñan con más claridad el camino. Cambian el miedo por valentía.

7. Las metas y los objetivos

La mejor manera de alcanzarlos es escribirlos y luego actuar disfrutando del camino. Es más importante tener metas y perseguirlas con entusiasmo que el logro en sí. La felicidad está en vivir el presente y disfrutar el camino. Para ponernos metas que nos motivan tenemos que reflexionar y examinar nuestros valores. Cuando los objetivos están alineados con estos, encontramos coherencia y felicidad. La gente feliz sabe que es importante tener proyectos e ilusiones por delante que nos mantengan vivos.

8. El tiempo que tenemos y cómo lo usamos

Es fundamental cuidar nuestro tiempo como algo valioso. Prestemos atención a qué queremos hacer con él, de qué manera nos lo queremos dedicar, a quién se lo queremos regalar y con quién lo queremos compartir. Tiempo para nosotros, para nuestro autocuidado, nuestra recarga, nuestro espacio, tiempo compartido con quien elegimos. La gente feliz conoce y tiene interiorizado que el tiempo es limitado, el momento es ahora.

9. Un ocio saludable, que nos encante y nos haga disfrutar

Atender a nuestro goce, a nuestra expansión. Relajará nuestro cuerpo y nos ayudará para otros momentos en los que vivamos la contracción. El carácter «disfrutón» ayuda mucho al ser humano: lo mantiene vivo, abierto, con ganas de vivir. La gente feliz apuesta por disfrutar, apuesta por exprimir la vida, por entregarse y crecer.

10. El humor y la actitud

Cuánto te ríes, cómo te ríes, con quién te ríes, de qué te ríes. Atiende a cuánto sonríes y cuánto te ríes, cuántas carcajadas das a diario o semanalmente. Cuánto aprovechas esas risas para ir liberando endorfinas, oxigenando los tejidos de tu cuerpo, relajando los músculos y aliviando los pensamientos. La risa es una potente medicina. La gente feliz está asociada con el sentido del humor. Además, le encanta aprovechar cualquier ocasión para reírse sanamente.

11. La actividad profesional

¿Qué hacemos en nuestra vida? ¿Cómo nos sentimos? ¿Cómo es aquello que consideramos nuestro trabajo? ¿Cómo nos relacionamos con él? La gente feliz sabe apreciar el lugar donde está. Sabe discernir la aceptación del cambio. Sabe disfrutar y aprovechar las experiencias, las oportunidades y los aprendizajes que nos trae el mundo laboral.

12. El nivel de estrés

Otro gran enemigo de nuestra felicidad y, además, muy poco comprendido. Debemos dejar de ser personas multitarea y diferenciar el «estrés bueno» del «estrés dañino». No es el estrés en sí el que nos hace daño: es la falta de descanso, la multitarea, sentirnos oprimidos, exigirnos más de la cuenta, presionarnos, sentir una amenaza continua en nuestro cuerpo. La gente feliz hace prevención, busca soluciones, se cuida con técnicas que les ayuden a balancear y aprovechan el estrés saludable para rendir y cuidar los niveles de activación para poder sentir calma.

13. La autoestima

La autoestima es la base de todo, influye en nuestras relaciones, en nuestro trabajo y en nuestra vida general. Tener una autoestima saludable reporta innumerables beneficios. Aprendamos por qué es tan importante, cómo cultivarla, cómo mejorarla. La gente feliz ha aprendido a quererse, a valorarse y a ser objetiva. La gente feliz ha aprendido a ser amable consigo misma, ha aprendido a aceptarse y a reírse de cómo son, se han convertido en sus propios cómplices. Se cuidan, se tratan bien, son sus mejores amigos y se quieren.

14. La pasión

¿Qué te apasiona? ¿Qué te hace vibrar? ¿Viajar? ¿Tu familia? ¿Un concierto? ¿Un libro? ¿El dinero? ¿Emprender? ¿Tu pareja? ¿El deporte? La gente feliz cultiva sus pasiones volcando en ellas cabeza y corazón.

15. La formación

La gente feliz presta atención al cultivo intelectual, a poder formarnos en lecturas lúcidas, que inspiren, que llenen, que contribuyan a la paz o al entretenimiento, que instruyan y que formen. La gente feliz sigue formándose y les encanta, saben que siempre hay momento, lugar y ocasión para aprender y que de todo siempre se puede sacar una lección.

16. El desarrollo personal

Es importante la conexión contigo mismo. ¿Paras de vez en cuando? ¿Respiras? ¿Meditas? ¿Te pones objetivos? ¿Vives el presente? ¿Hacia dónde quieres ir? ¿Es esta la vida que quieres vivir? La gente feliz trabaja su intuición, decide vivir el presente y hacer tareas en modo *slow*. Decide parar un poco, observar y poner distancia para ver con claridad, al tiempo que conecta con su corazón.

17. Los valores de vida

¿Qué valores definen tu vida? Son importantes el perdón, la aceptación, la confianza, la generosidad, la fortaleza, la ternura, el respeto, la responsabilidad. Atiende a los valores que quieres atraer a tu vida. La gente feliz cultiva sus valores de vida y los transmite en sus acciones diarias y en su educación familiar.

18. El agradecimiento y la conexión con la abundancia

¿Qué agradeces? ¿Sientes que tienes algo que agradecer? El agradecimiento es de los sentimientos más evolucionados y que mayor felicidad y paz nos generan. La sensación de estar llenos, de sentir que la vida está contigo, es muy poderosa. La gente feliz sabe que el agradecimiento es un superpoder.

19. El sentimiento de utilidad

¿Te sientes útil? ¿Te sientes realizado? ¿Cómo? ¿Qué podrías hacer para conseguirlo? En un sentido profundo, encontrarnos con la utilidad es otro regalo de vida. Es importante educarnos a nosotros y a nuestros pequeños en esto y adquirir conciencia, porque sentirnos útiles nos realiza, nos conecta con la felicidad. La gente feliz busca siempre su lugar donde sea de mayor utilidad produciéndose esa sinergia entre el dar y el recibir en la vida.

20. El propósito de vida

El propósito, esa palabra a veces misteriosa que sabemos lo que quiere decir pero no sabemos explicar ni encontrar. Es el camino, tu camino, el que te conecta contigo, en el que tu energía fluye con lo que da y recibe, y se produce un equilibrio perfecto. La gente feliz busca su propósito de vida, sabe que es aquello que nos hace ser mejores ofreciendo lo mejor de nosotros, y además nos hace inmensamente felices porque nos sentimos realizados.

Recuerda: la gente feliz es realista y sabe discernir y ajustar las velas del barco cuando es necesario, apuesta por una actitud positiva con realismo. La gente feliz cree en sí misma, cree que puede lograrlo y siempre quiere aprender más. Hoy en día, gracias a la neurociencia, sabemos que nuestro cerebro puede cambiar y sabemos que podemos aprender cosas nuevas a cualquier edad: todo depende de nuestra actitud. Aprende, entrénate y apuesta por ser feliz. El cambio es posible.

«Yo no tengo lo que merezco.» Esta frase que tan a menudo oímos en conocidos y personajes de todo tipo siempre me chirrió bastante. Y lo decía. Y tenía un tono y una actitud de queja, de que la vida le debía algo, una creencia de «ya hago mucho, ¿por qué no tengo más?». Al no estar en ese momento en sesión de terapia, no me ocupé de emociones que subyacen a este pensamiento, ni de acompañar a la persona en el descubrimiento de qué es lo que le hacía pensar así. Pero después, en mi casa, reflexionando, me surgió una pregunta que yo te hago ahora: ¿qué crees que es mejor: pensar que tengo solo lo que me merezco, considerando que tengo poco, o pensar que quiero más, que me merezco lo que deseo y voy a por ello? La primera opción posiciona a las personas como agentes pasivos, que no pueden tomar decisiones, y los instala en la queja. La segunda, sin embargo, te hace ser el agente activo, te dota de capacidad para pensar cuánto quieres merecer, saber si de verdad lo que haces se corresponde con lo que quieres conseguir. Puedes valorar también cómo haces lo que haces, si podrías hacer algo diferente o hacer algo más, etc. Es decir, te da capacidad de acción para conducir tu vida.

Por lo tanto, hablemos de nuestra querida amiga, la queja, instalada a menudo como modo de estar en el mundo. A nivel práctico, suele ser muy poco operativa (por no decir nada) e incluso fomenta que te sientas mal. Puede hacer que tanto emocionalmente como mentalmente te sientas peor o que no seas consciente de la inactividad e inmovilidad que se generan a tu alrededor. Por sistema, la queja hace que tendamos a ver el mundo bajo el foco más opaco.

Esto no quiere decir que no podamos quejarnos. ¡Por supuesto que podemos! Tampoco quiere decir que no podamos hacer apreciaciones críticas de las cosas que no nos gustan con intención de mejora. Ni siquiera quiere decir que la queja a veces no nos lleve a conseguir lo que deseamos. Recordemos un dicho que es más que cierto: «El que no llora no mama». Sin embargo, la queja, cuando es sostenida en el tiempo y muy frecuente, se convierte en algo a lo que prestar especial atención. Tenemos que vigilar si vemos que forma parte de nuestro carácter o personalidad, o si detectamos que forma parte de un estado puntual que no sabemos resolver de otra manera.

Si hay cosas de nuestra vida que no nos gustan y queremos obtener un cambio, la queja por sistema poco nos ayudará.

Es posible que tu entorno —tu pareja, tus amigos— entienda una queja. Puede que un compañero de trabajo también y reaccione frente a ella dándote a entender que el mecanismo funciona. Pero no es lo mismo una queja puntual o como código comunicativo en algunas situaciones, e incluso como desahogo, que la queja como sistema de funcionamiento. El universo —es decir, el mundo en su sentido más amplio y abstracto— y el cerebro no entienden la queja como sistema para poder activar la función ejecutiva, la parte de nuestra mente encargada de ejecutar lo que queremos, pensamos, planificamos o deseamos.

Por lo tanto, nuestro cerebro no entendería la queja como parte y proceso de la consecución de objetivos, sino como algo que no nos gusta, que nos hace sentir mal, así que recuerda: tienes la suerte de que tú eliges qué mecanismo quieres adoptar para vivir.

1. Preguntas para reflexionar sobre el cambio:

¿Qué es el cambio para ti? ¿Te resultan fáciles los cambios?

¿Qué te parece que la vida cambie? ¿Te gusta cambiar? ¿Con qué frecuencia?

¿Esperas a que las cosas cambien, o provocas los cambios?

¿Te has preguntado para qué cambias o para qué buscas el cambio?

¿Juzgas el cambio? ¿Consideras que es sinónimo de inestabilidad? ¿Lo asocias a dejar las cosas a medias, a huir, al fracaso, a las rupturas? ¿O lo tienes asociado a positivismo, dinamismo, éxito, inquietud, inteligencia y triunfo?

¿Consideras el cambio un modo de vida particular?

Anota tus respuestas y léelas después con atención: es muy importante saber qué piensas honesta e íntimamente del cambio porque es una parte esencial de nuestra existencia.

2. Puedes pensar en aquello que ha sucedido durante el día y te ha alegrado, ya sea un encuentro con tu vecino, ver el partido de tu equipo favorito en la tele, una llamada agradable, descubrir que en el jardín han salido flores, conocer una buena noticia, una mejora de las temperaturas, o sorpren-

derte porque unos pantalones, contra todo pronóstico, todavía te caben. ¡Atendamos y apostemos por la alegría!

3. Vamos a proponer un reto universal: ¡un día sin quejas!

¿O elijes la queja como desahogo?

¿La gente de tu alrededor se queja mucho? ¿Tus hijos se quejan mucho? ¿Tu pareja?

¿Anhelas algo que sientes que podría darse? ¿Hay algo que deseas y a la par temes? ¿Tienes algún sueño? ¿Fantaseas con una vida de lujo y glamour? ¿Querrías estudiar? ¿Fantaseas con dejarlo todo y cambiar de vida?

¿Necesitas un respiro?
¿Te apetece una tarta de chocolate?

Y más: ¿te gustaría viajar? ¿Vivir sola? ¿Hacer una «locurilla»? ¿Salir de vez en cuando con amigos? ¿Poner la música que te gusta en casa? ¿Decir NO?
¿Sabes qué es lo que hace que no te hayas dado o no te des el permiso?

Propuesta:

Haz una lista de por qué te lo darías y por qué no te lo das. Lee la lista y siéntela. Fantasea con cómo sería si te dieras ciertos permisos. Sé consciente de que soñar no es peligroso y de que puede ayudarte a drenar, a descubrir, incluso a confirmar.

Descubre si hay inercia en tu vida, si es miedo, si es sensatez, si es madurez, si es aburrimiento, si es mera imposibilidad, si no te lo habías planteado antes. Descubre cosas sobre ti, siempre con amabilidad y cariño. Si soñar con lo prohibido te desahoga, está bien, no pasa nada. O si quieres dejar de soñar para pasar a la acción. Discierne si es un permiso que podría sumar o restar.

Reactualiza tus permisos y sé amable, amoroso y empático contigo mismo. Añade humor si te ayuda. Abre tu intuición asociada a tu razón y date el permiso que necesitas para ayudarte a ser más feliz y decidir hacer o no hacer. Al final todo se reduce a darte el permiso que realmente precisas.

RECUERDA

! La felicidad no es una emoción y no es solo un sentimiento. También es una actitud que se cultiva y se trabaja día a día con atención plena y en conexión con nosotros mismos.

! La coherencia entre lo que se hace, se dice y se piensa es muy importante para contribuir a nuestra felicidad.

! La aceptación es uno de los pilares de la felicidad. Cultivarla, aceptar lo que hay y saber discernir son valores y actitudes vitales para encontrar esa felicidad verdadera.

! Es fundamental saber que se puede estar triste y enfadado y al mismo tiempo ser feliz.

! Cultiva el agradecimiento. Es de las actitudes que más nos conectan con la felicidad, con la abundancia, con la suerte, con la sensación de poder confiar.

! Atención a la queja. No te instales en la queja continua. Como eres lo que haces, corres el riesgo de convertirte en un rollo. Si puedes, intenta convertir siempre esa queja en una crítica con opción a que en el laberinto encontremos el camino porque en la queja no existe el cartel de SALIDA. Transforma la queja en una necesidad y dale la vuelta, de esa manera te ayudarás a conseguirlo, tu mente lo entenderá. No es lo mismo decir «qué asco todo» que decir, «necesito sentirme bien y para eso me gustaría X».

Capítulo 7

VIVIR LA VIDA EN POSITIVO

*La gente positiva es la que hace que el mundo cambie,
es la gente que lo transforma, lo mejora.*

¿QUÉ ES EL PENSAMIENTO POSITIVO?

La gente positiva vive el presente de manera realista, sabe que existen posibilidades para hacer o no hacer, discierne, elige con la cabeza y con el corazón. La gente positiva pone la razón al servicio del corazón con inteligencia y sensatez. A veces es optimista y sabe ajustar las velas de su barco cuando llega la tormenta. Se moviliza y se proyecta hacia un objetivo. Mira hacia atrás para traer aprendizaje y experiencia, vive el presente, mira a los lados para observar su entorno y a sus compañeros de viaje, y mira hacia el futuro con un propósito de vida.

La gente positiva sabe que hay que seguir remando, no luchar. A veces es necesario rendirse —¡que no resignarse!— y llorar. Lo importante es vivir cada momento como viene para aprender y disfrutar de cada una de las experiencias de esta vida.

Te voy a plantear la siguiente cuestión: ¿eres feliz? Quizá te resulte una pregunta muy profunda, que requiere de un esforzado ejercicio de introspección y no te apetece mucho explorar. O quizá sea algo que deseas conseguir, pero piensas que tiene un alto coste personal. O tal vez pienses que es un imposible. Puede ser que la felicidad plena o estable no exista, o pienses que esto de ser feliz solo es para algunos y a ti no te ha tocado. A lo mejor piensas y sientes que estás en ello, que estás en el camino de aprender, que has decidido ir a por todas, pero no sabes por dónde empezar, cómo hacerlo o con quién.

Ser feliz es posible, está a tu alcance, está en ti. Es posible que te digas: «Ya, pero mi vida es dura» o «No llevo la vida que quiero vivir» o «Es que me tocó ser así», etc. Cada uno tiene su particular dolor de vida, pero gracias a él podemos crecer y ser felices. Piensa una cosa: sé que puede sonar extraño, pero cuanto mayor es el nivel de dificultad vivida y superada, mayor nivel de felicidad se puede alcanzar. No quiero decir que vayamos por ahí buscando desgracias. Quiero decir que todo tiene un sentido, todo puede resultar útil si sabemos cómo.

Piensa que nada es para siempre, que hoy es de noche, pero mañana amanecerá; hoy nieva y hace frío, pero dentro de poco vendrá la primavera, la luz y las flores. Recuerda que lo único permanente es el cambio.

Vivimos en un cambio continuo
y debemos aprender a vivir en él.

Las circunstancias no van contigo, vienen y van. Los estados emocionales y mentales podrían hacer lo mismo: solo es necesario aprender a verlo así y mantener la templanza que podamos en cada situación que nos toque vivir.

Además, te contaré que esa felicidad sobre la que nos preguntamos, y que nos pasamos la vida buscando, es la misma para todos. Brota de dentro, carece de causa, es fruto de la coherencia y la conexión con nosotros, y a su vez es individual en tanto en cuanto cada uno vive una vida diferente.

Súbete al carro que cada día coge más gente, únete al movimiento de la gente que suma y sé feliz viviendo en positivo.

¿Qué es una vida en positivo?

Si hay una cosa que las personas tenemos en común es el deseo, el anhelo o la búsqueda de la felicidad. No conozco a nadie que no quiera ser feliz, pero sí conozco gente que no sabe cómo conseguirlo.

La vida en positivo es un gran recurso que podemos adoptar para nuestra vida, para llegar a la felicidad tan deseada y comprender por fin qué es. La vida en positivo no es ni más ni menos que aprender a ver la realidad de una manera realista, valga la redundancia. Verla tal cual es, percibir y observar los acontecimientos con la distancia necesaria para poder tomar decisiones y hacer de tu vida la mejor experiencia que puedas tener. La vida en positivo requiere que nos sentemos en el patio de butacas de nuestra obra de teatro y observemos los acontecimientos con la distancia óptima para disfrutar, pero no para que nos arrastren en las subidas y bajadas que suceden.

Se trata de ser actor de tu propia obra y vivir la vida, claro que sí, pero sin perder la perspectiva del observador, que es lo que realmente nos ayuda, sobre todo en los momentos de crisis; por eso es necesario tenerlo presente siempre. A ese observador muchas personas lo llaman «conciencia» o «testigo», y es lo que nos permite «quitar hierro» a las cosas, no identificarnos o hacer dramas, no sufrir más de la cuenta, poner cabeza y serenidad. En esa conciencia es donde se instala nuestra intuición y nuestro saber profundo, esa conciencia es el puente entre razón y corazón, es la que nos guiará en ese propósito que todos deseamos encontrar.

Vivir en positivo es ayudarnos como acto de amor propio, no se trata de egoísmo, sino de lo contrario. Como he venido diciendo, ayudarnos y ser amables con nosotros mismos con la finalidad de ofrecer esto al mundo es de las mejores cosas que pueden pasarnos en la vida. Es entender que, cuando nosotros estamos bien, vamos a poder ofrecer lo mejor a los demás, y esto es algo que hace muy feliz al ser humano. Recordemos que el ser humano se siente en plenitud cuando es útil, cuando contribuye, cuando suma; en ese momento no tiene que justificar nada porque sabe que eso es lo que lo conecta con su ser y le aporta felicidad. Pues bien, esto empieza por uno, por el amor hacia uno. Ese amor por nosotros mismos, esa amabilidad, producirá como respuesta que podamos ser amables con los demás, que podamos entrar en una corriente de energía de ayuda, de hermandad, de conexión, para volver a mirar al mundo con comunión, esperanza y amor.

Vivir en positivo es sentirse felices de verdad, con esa felicidad que se tiene dentro pese a las circunstancias. Es vivir de forma coherente, queriéndote. Es no machacarte, no atormentarte. Es aprender a respirar los miedos, a conectar con la confianza y el agradecimiento.

Vivir en positivo es atravesar la vida tal y como es.

Es atreverse a crecer, tener experiencias, darse el permiso de vivir oportunidades y siempre estar abierto al milagro y a la maravilla que nos puede ocurrir.

Te cuento un secreto importante para vivir en positivo: si estás atento y tranquilo, observarás cómo la vida comenzará a girar y a conspirar a tu favor.

Para mejorar el estado interno y nuestras relaciones:

- Practica la amabilidad contigo mismo.
- Ten paciencia contigo, sé comprensivo, entiéndete, trátate bien, date bonitos mensajes, conviértete en la persona que mejor te trata y te cuida.
- No te machaques, no te atormentes. No te exijas más de lo que la vida y las circunstancias a veces lo hacen. Date mensajes de calma, de confianza, de paz. Repítete que todo pasará y todo está bien. Desde ahí, desde esa compasión y buen trato contigo mismo, nacerá una preciosa energía amorosa que podrás ir repartiendo y enseñando con amabilidad por el mundo.

Un ejercicio

Para hoy te propongo un ejercicio de actitud que active internamente un estado de alegría y esperanza como si fueses a recibir un importante regalo.

No se trata de vivir en el futuro, no se trata de activar la impaciencia, ni de aplazar nada, no se trata de salirnos del aquí y el ahora. Se trata de activar el estado de confianza, de esperanza, de alegría interna, mientras disfrutas o transitas lo que sucede hoy, aquí y ahora, con plena consciencia.

Para conseguirlo, cuando pasees hoy, cuando vayas en el coche o en cualquier momento que tu aplicación te avise con una alarma, sonríete y mantente erguido, con actitud confiada y de alegría interior. Siente complicidad contigo mismo, con tu gran compañero de vida, tu gran amigo: tú.

¿Sabes cuál es tu diálogo interior?

Otro aspecto importante de la vida en positivo es saber cómo nos hablamos, cómo nos tratamos: atiende a lo que te dices.

Te propongo un reto: conviértete en tu mejor amigo. Dedícate esas palabras de apoyo, aliento, cariño y amor, tal y como lo harías con un amigo al que quieres animar, cuidar y querer. Recuerda que la compasión (que es amor + empatía) comienza por uno mismo.

Hay una frase anónima que me encanta: «Invierte en aquello que un naufragio no te pueda arrebatar». No pide que no disfrutemos de la materia, de los placeres de la vida. ¡Claro que sí, son maravillosos! Pero sepamos, con inteligencia de vida, dónde está realmente nuestra esencia y nuestro corazón porque eso nos ayudará a ser realmente felices y a no perdernos en el camino. Esta cita me conecta conmigo misma, con invertir en mi ser, en cultivarme, en desarrollarme, en las experiencias de vida que llevaré siempre en mi interior. Me sitúa cuando pierdo el punto de referencia, me recuerda lo verdaderamente importante en la vida. Y tú, ¿ya sabes lo que es importante para ti? Comienza a invertir en ti desde ahora mismo. Para ello, es sano abocarse a la energía positiva, disfrutar el progreso de los demás, compararte únicamente contigo mismo, pedir ayuda cuando lo necesites y preguntar a los demás si necesitan ayuda y cómo están con el único objetivo de escuchar sin juzgar.

Seamos o no conscientes de ello, las personas somos muy felices con la felicidad de los demás. También nos conmueve y duele el dolor ajeno; es el «peaje» que a veces tenemos que «pagar» por ser sensibles, pero no lo cambiaría por nada. He aprendido con el tiempo y los años que la vida es imperfectamente perfecta, y esto me produce paz y sosiego. Lo que hoy no comprendo más adelante o años después cobra sentido. Eso es lo que tiene madurar y crecer, la experiencia y la templanza. Por eso siempre digo que volvería a elegir ser tan sensible, si eso me diera los bellísimos momentos que he tenido, incluidos los difíciles que tanto me han hecho aprender.

Con el tiempo y las experiencias he aprendido de las limitaciones humanas, y las personales; las he aceptado, empezando por las mías. He aprendido que, aunque a veces miro al mundo y me pregunto muchas cosas, sé que cada uno de nosotros cuenta. Cada grano de arena que aportamos al mundo es importante. Por eso siempre propongo poner de moda los preciosos valores de la vida que nos harán esencialmente felices y que hemos visto en los capítulos anteriores.

VIVIR LA VIDA CON ACTITUD

Qué importante es vivir con actitud. La palabra «actitud» es una de mis preferidas por todo lo que conlleva. La actitud nos posibilita ser quienes queremos ser y desarrollarnos. Ofrece tantas posibilidades, tantas oportunidades, que es magia pura.

Actitudes que nos ayudan a vivir en positivo

1. Ríe y sonríe

Ábrete al momento presente, haz un homenaje de corazón a lo que ya despediste o soltaste en tu vida. Haz un homenaje a los que no están y quieres recordar y hacer presentes con consciencia y salud. La risa nos conecta con amabilidad, con apertura, da la orden al cerebro de que todo está bien, de que confiamos, nos ayuda a relajar los músculos de la cara, la mandíbula, el entrecejo y, a su vez, manda esa orden a todo el cuerpo. La risa es la gimnasia de la boca, es el yoga de la boca, y nos trae beneficios que nos ayudan mucho a estar en positivo.

2. Elige tu modo de vivir dentro de tu realidad

Sea de un modo convencional, raro o alternativo, vive en coherencia con tus valores: esto te traerá mucha paz interior. La coherencia, el sentir que nos aceptamos, que hemos elegido dónde queremos estar dentro de la vida que vivimos, nos da mucha amplitud y mucha sensación de que siempre hay una posibilidad. Una sensación de apertura y de posibilidades siempre está muy presente en la gente positiva, que busca alternativas y se adapta al momento que toca vivir y se ayuda y crece con ello.

3. Busca la reconciliación

Empezando por ti, sé amable y perdónate. Este acto de

amor te ayudará a salir de muchas crisis y momentos difíciles. Y perdona a los demás. Debemos saber que cuando no perdonamos a alguien estamos unidos a esa persona emocionalmente durante todo ese tiempo. Si lo que deseamos es alejarlo, con ese no-perdón estamos haciendo lo contrario. Si creemos que deseándole cosas negativas le van a llegar, lo que estamos haciendo es llenarnos nosotros mismos de energía y emociones negativas y agrandar aquello que en un principio queríamos soltar. Recuerda que perdonar no es darle al otro el permiso de sentirse bien, no es reconocer que no te importa o no te dolió. Perdonar es soltar, es despedirse de verdad, es decir «adiós y gracias» por lo que has podido aprender, aunque ahora mismo aún no puedas apreciarlo. Pero, sobre todo, es soltar en tu beneficio y estar en paz, una razón que, sin duda alguna, merece la pena.

4. Conecta con tu significado de la vida

Es muy importante trabajar en la dirección de nuestro propósito de vida, saber cuál es nuestra misión o, dicho de otro modo, preguntarnos qué es lo mejor que sé hacer, que me hace sentir bien y que además aporta al mundo. La pregunta que debemos plantearnos es: ¿qué es eso intrínsecamente tuyo que solo tú puedes aportar al mundo, y que además no te cuesta nada hacer y disfrutas mucho con ello y supone también un beneficio para los demás?

5. Aprovecha los valores y las acciones

Conecta con el regalo de descubrir tu bondad, la que hay en tu corazón. El ser humano, en su profunda esencia y consciencia, se siente uno con el todo, con los demás, con la naturaleza, con su familia, con los vecinos que a veces le resultan molestos, con todas las personas del mundo. Cuando uno conecta con el amor de su corazón, conecta con el perdón, con el querer reconciliarse con el mundo entero. Este ejercicio nos aporta muchísima felicidad y nos da el supremo gozo de sentir la felicidad y el amor que somos.

6. *Fuera culpas*

Libérate y deja atrás lo que te atormenta. La culpa suele tener debajo rabia que dirigimos hacia nosotros mismos. Además, la culpa nos deja en una actitud pasiva, como si no pudiéramos hacer nada porque ya está todo mal, pero esto tan solo es una creencia. Es importante que sueltes dolores como los de la culpa, que no te aportan más que sufrimiento. No olvides que el sufrimiento es evitable. Si cambiamos la culpa por la responsabilidad, varía nuestra percepción y nuestra emoción, porque así nos posicionamos en hacer algo al respecto y no queda en nosotros la rabia interna, que tanto daño nos hace química y psicológicamente.

7. *Respétate y vive en coherencia contigo mismo*

Vive en coherencia con tu pensamiento y tu corazón. Pon la razón al servicio del corazón y de allí desprende una acción que vaya en sintonía con tus principios y valores.

Muchas veces las circunstancias no van a nuestro favor, pero, ya lo sabemos, hay una cosa que sí depende de ti: la actitud. Ante todo, vivas las circunstancias que vivas por ti mismo, sé feliz, porque este momento pasará y vendrán otros que nos harán gozar y llorar también. Recuerda que el momento verdadero es ahora, es ahora cuando puedes decidir, es este segundo, este instante.

8. *Madurez, un factor importante de felicidad*

> Maduramos el día en el que nos reímos
> francamente de nosotros mismos.
>
> ALBERT EINSTEIN

Te propongo una actividad: encuentra un momento para observarte, para reírte de ti y contigo mismo. ¿Qué te hace gracia de ti? ¿Qué te haría reír de ti si lo vieras en otro? Descubre esos aspectos, aquellas anécdotas que hasta te den vergüenza. Obsérvalos con distancia, como una comedia hecha para tu disfrute. Recuerda acompañarlo siempre de cariño para hacerlo saludable y amable hacia ti.

El propósito de este reto es aliviar heridas, fortalecer nuestro concepto y nuestro interior, conocernos un poco más, aceptarnos, querernos, hacernos gracia y convertirnos en nuestros cómplices y fieles amigos. Es un ratito para crecer y pasar un buen rato con nosotros mismos.

9. *Aplica inteligencia de vida*

¿Cuál es el lugar que te inspira seguridad? ¿Qué lugar identificas con estar en casa? ¿Qué personas son las que, cuando te pierdes, te devuelven tu imagen? ¿Qué te ayuda a volver a tu centro cuando a veces te sales de él?

Cuando estamos en el camino de apostar por la vida, vivirla de verdad, «meternos en el fango», vivir con autenticidad, arriesgarnos, comprometernos, caernos, levantarnos, buscar, crecer, aprender a ser cada día un poco más felices y vivir, es normal que nos salgamos de nuestro centro, nos sintamos perdidos y vivamos lo que llamamos «crisis». Estos momentos y las emociones varias que los acompañan, aunque a veces no nos gusten o nos asusten, son muy normales. Te sugiero que te ayudes a ti mismo y busques aquello que te sirve para reconectar con la maravilla que eres, que has sido y que serás. Tú no eres tu crisis: eres mucho más. Las crisis vienen a ayudarnos más de lo que creemos.

10. ¿Cómo te gustaría que fuese tu realidad?

Hay una parte de nuestra realidad que depende de nosotros, de nuestra actitud, de nuestra mirada al mundo. Hay una parte que nos permite sentir con la libertad de poder elegir si aceptar o afrontar, luchar. Imagina cómo te gustaría que fuese tu realidad o cómo te gustaría sentirte en este momento. Visualiza la escena y recréate en ella. Recuerda que si lo puedes imaginar, lo puedes lograr.

¿Sabías que tener propósitos y proyectos revitaliza nuestra salud? ¿Has probado el ejercicio de pedirle a tu día? ¿Qué le pedirías? ¿Amor, paz, trabajo, dinero, salud, felicidad, alegría, abundancia, serenidad, calma, vitalidad?

Te sugiero una actividad para todas las mañanas en tu agenda en la que vas a escribir «al día de hoy le pido...» y, a continuación, aquello que desees que aparezca en tu vida. Repite esto como una rutina diaria de entrenamiento positivo en tu agenda de vida.

Todos o casi todos funcionamos con una agenda de trabajo, citas, eventos, actividades de nuestros hijos, quehaceres, etc. Pero ¿tienes una agenda interna? ¿Tienes dónde apuntar que es el momento de no hacer nada? ¿Tienes una agenda en la que anotas que es tu momento de autocuidado y descanso? ¿Tienes un apartado que te recuerda que tienes que encontrar momentos para los mimos, para distenderte y amar?

¡Pongamos de moda «la agenda interna»!

Los pilares de vivir en positivo: salud física, emocional, social y mental

Hay un momento para cada cosa, para reír, para llorar, para sentirse pleno, para sentirse solo o decepcionado, para querer comerse el mundo o para detenerse y estar consigo mismo. La gracia de la vida y de tener un poso feliz está en disfrutar cada momento único, con presencia, teniendo interiorizado que todo lo que nos sucede es algo temporal. Es una temporalidad que parece hacerse eterna en un momento gris, o fugaz en los momentazos que han quedado grabados en nuestra retina y en el corazón.

De aquello que nos saca de nuestro centro y nos hace tambalear, la mejor actitud es aprender, respirar la incomodidad, sentarse a ratitos en el patio de butacas de tu vida y observar con distancia, paciencia y experiencia. De aquello que nos eleva hay que disfrutar, gozar, aprovechar, reír, expandirse, crear, compartir, dar y disfrutar.

Ambos momentos son naturales y funcionales para nuestra felicidad, ambos momentos contribuyen a vivir feliz. La vida nos enseña que hay un momento para todo.

> Por lo tanto:
> *Simplifica*: lo importante es lo importante.
> *Sé amable*: contigo primero y como consecuencia con el mundo.
> *Agradece*: sensación de suerte.

> Cuida:
> *Tu salud*: Conoce tu estado, mímate, cuida tu cuerpo, pues te acompañará toda tu vida y es el vehículo en el que viajamos.

Tus relaciones: Disfruta de relaciones sanas, de calidad, que te sumen, que te aporten, que te respeten, que sean equilibradas y te hagan sentir bien.

Tiempo para ti: En un momento dado de la vida, sobre todo en la edad adulta, cuando tenemos hijos o personas a las que cuidar, o un trabajo muy exigente, tendemos a quitarnos nuestro tiempo de autocuidado, un tiempo para no hacer nada o para hacer cosas que nos apetezcan, como organizar la casa, cocinarnos algo rico, darnos un baño relajante, escuchar nuestra música favorita a tope, lo que sea, pero ese tiempo es un regalo que te haces.

Tu ocio: Disfruta y goza con tu ocio, ve a aquello que te distrae, te despeja la mente y te llena el corazón; puede ser algo de tipo social, cultural, salir a comprar, la naturaleza, *wellness*, cada uno lo que le haga gozar.

Tu humor y tu actitud: Importantísimo para ser feliz; hay que relativizar, ver las cosas como son, pero seguir hacia delante, reírnos de nosotros y buscar humor en la vida. La actitud te llevará por el camino feliz.

Tu pasión: Es una emoción que nos hace sentir muy vivos, sigue cultivando aquello que te apasione, o sigue cultivando pasión en tu relación, o en tu trabajo; la pasión nos conecta a la vida.

Tu propósito: Qué felicidad encontrar nuestro propósito, nuestra misión y desarrollarlo. Qué bello aportar al mundo lo mejor de nosotros.

La resiliencia

Nacemos resilientes, con muchas cosas que aprender, objetivos que conseguir y mucha evolución por delante. Nos caemos miles de veces antes de aprender a caminar; probamos miles de gorjeos, tonos y aproximaciones de palabras antes de hablar. Ensayamos y erramos muchísimo en nuestro desarrollo infantil, y siempre lo hacemos entregados, disfrutando, sin juzgarnos, con una mirada hacia delante y siendo felices.

Recuperemos esa resiliencia que está en nosotros como actitud para nuestra vida feliz. Empieza hoy mismo. Hoy es una muy buena oportunidad para levantarse y comenzar de nuevo.

ME CAIGO.

ME LEVANTO.

ME CAIGO Y ME LEVANTO MEJOR.

ME VUELVO A CAER.

ME LEVANTO DE NUEVO, MÁS FUERTE.

UN RESPIRO DE VIDA, APRENDO.

¡OH NO! ME VUELVO A CAER, ¡NO ME LO CREO!

ME LEVANTO UNA VEZ MÁS CON UNA ACTITUD *POWER*.

ME CAIGO DE NUEVO, PERO EMPIEZO

A ENTENDER DE QUÉ VA ESTO.

Y ME LEVANTO CON ENERGÍA Y GANAS UNA VEZ MÁS

Y DE REPENTE, ¡UPS!, ESTOY EN LA CIMA.

QUÉ RARO, YA NO ME IMPORTA TANTO:

ES QUE SOY FELIZ.

El poder del agradecimiento y la química del cerebro

¿Cómo sería tu día si lo pasaras agradeciendo? ¿Te lo has imaginado?

¿Sabías que la química cerebral es cualitativamente diferente en las personas que agradecen en su día a día? ¿Sabías que esa química es una de las responsables de nuestra felicidad verdadera?

Grosso modo, la cabeza y el cráneo serían nuestro soporte físico, donde depositamos e instalamos el sistema operativo y los programas. El cuerpo entero sería un hardware. El cerebro sería un software de alta capacidad y complejidad que memoriza, planifica, imagina, razona y que funciona en paralelo; es decir, se activa a la vez y por múltiples conexiones. Por eso es capaz de lograr maravillas o de llevarnos a pensamientos que no comprendemos.

¿Esto para qué nos sirve? Para saber que el cerebro está haciendo múltiples funciones al mismo tiempo: es una herramienta potente, que se activa, se conecta, se optimiza y aprende con la experiencia. Sabemos así que somos realmente muy capaces, más de lo que imaginamos, y podemos aprender a ponerlo a nuestro servicio.

El pensamiento son los programas y los virus, es todo lo que circula por ahí en modo de imágenes o en otras maneras analógicas que hacen que nuestra química se altere y nos genere sensaciones y emociones para un lado y para el otro. El pensamiento dejado a sí mismo es «la loca de la casa» y puede ser triunfalista o catastrofista o neutro. La meditación y el vivir en *slow* hacen que nuestro ritmo interno baje y detectemos a los intrusos de casa, permaneciendo en calma y observando que son solo eso, pensamientos.

Por último, estaría la actitud, la voluntad, lo que sí somos, lo que decidimos ser en conexión con nosotros, en coherencia con lo que pensamos y sentimos. La actitud serían los programas que más vamos a ejecutar o los que más vamos a usar.

¿Ya has pensado qué programa te vas a instalar?

Recuerda: tu mente y tu cerebro son una parte de ti, tú eres mucho más que eso. Si algo sabemos de neurociencia es que aquello que se estimula se fortalece y se desarrolla.

Esto lo vemos muy claramente en la infancia con la plasticidad del desarrollo y cuando todas las funciones se están formando a nivel cerebral. Un dato curioso es que los test de inteligencia que miden actualmente el CI no se pueden aplicar por igual en todas las culturas y razas por las diferencias en estimulación cultural. El mero hecho de tener otras experiencias y vivencias hace que las mediciones tengan que adaptarse.

¿Por qué cuento esto? Porque igual que se estimula la inteligencia matemática, la musical, las destrezas deportivas, el aprendizaje de determinadas materias, se podría estimular la inteligencia emocional y la inteligencia de vida, y se podría aplicar de manera cotidiana una neurociencia de la felicidad. Esto sería posible estableciendo rutas cerebrales, lenguaje, estructuras de pensamiento, lecturas, relaciones que sean de autoayuda, que desarrollen la comprensión, la paciencia, la seguridad, la calma, la superación, la motivación, el optimismo, la fortaleza y mucho más.

Esto no es lo mismo que decir que neguemos la realidad, que vayamos de *happy all the time* o que asumamos que existen circunstancias y momentos difíciles y emociones contractivas que debemos vivir con la finalidad de ayudar a nuestro organismo. Insisto en que somos una mezcla de química, circunstancias de vida y actitud. Ayudémonos todo lo que esté en nuestra mano para poder encontrarnos mejor y convertirnos en nuestros mejores aliados.

Es importante mencionar que este método va sin receta: cada uno tendrá la suya y su circunstancia personal. No olvidemos que lo que se estimula en el cerebro, en nuestra máquina, es aquello que más se desarrolla. El reto aquí es atender al software que estamos programando, que tenemos instalado o que queremos resetear.

Reestructuración del pensamiento

Lo que pensamos es aquello a lo que damos espacio en nuestra mente, es lo que alojamos, con lo que nos identificamos, lo que miramos. Se sabe que todo lo que se atiende se ve, y todo lo que se cuida crece y se nutre.

Si piensas en cosas que no te ayudan, das vueltas a tus pensamientos, vuelves al punto de partida, sientes a veces que tu cabeza no puede parar de pensar, sientes que has caído en un círculo sin salida. Es muy importante que te des cuenta para poner remedio y parar. Aquello que piensas con frecuencia acaba traduciéndose en tu forma de ver la vida, en tus acciones y, finalmente, en tu carácter.

Ahora es cuando hablo de actitud ligada al pensamiento: piensa en positivo, piensa en soluciones, piensa en paciencia, piensa con calma, piensa ayudándote.

Una vez más, insisto en que esto no quiere decir que niegues la realidad o te inventes otra. Lo que te digo es que, teniendo presente lo que sucede, pienses en lo más saludable para ti, para tu vida, tu entorno, tu felicidad. Te recuerdo que debes ralentizar tus pensamientos, los que no te llevan a nada, y esa mente pensante que no para y nos quema las emociones. ¿Cómo lo puedes hacer? Atendiendo al cuerpo, a los sentidos, a la respiración, paseando con consciencia, cocinando con consciencia, atendiendo plenamente al presente, a la acción por la acción, y meditando un ratito cada día. Esto oxigenará tu cerebro, dará espacio a tus pensamientos, relajará tu mente y calmará tus emociones y te producirá que respondas antes de reaccionar.

Piensa en presente y en positivo, en primera persona y en afirmativo. Dale al cerebro la orden que puede entender y aquella acción que deseas realizar. Repítela y verás cómo alojas un pensamiento que te ayuda.

LA HISTORIA DE X

En este caso hablaré de mí. La verdad es que no recuerdo cuándo comencé a montar el proyecto de *Vidas en positivo*. Quizá lo he estado preparando desde el día en que nací.

Ha sido muy importante la influencia de mi abuela y de mi madre, de su modo de ver la vida. También lo ha sido mi padre y su forma de estar en el mundo y sus enseñanzas. Ha tenido impacto el hecho de ser la hermana mayor y mi modo de querer entender las cosas. Siempre he sentido la inclinación por conciliar, he sido feliz viendo felices a los demás, siempre he querido sacar mis conclusiones, he querido tener la experiencia, no solo oír la charla. Esto me ha llevado a tener buenísimas experiencias y a pasar por numerosas crisis, claro. Todo lo cual me ha hecho resiliente, curiosa, científica, observadora, participativa, habladora, amante del ser humano, sensible y, aparentemente, fuerte. Con los años, con las enseñanzas en forma de personas, triunfos y derrotas, con el esfuerzo de una vida, me he convertido en una persona que vive en positivo.

Di a los demás que los quieres

¿Con qué frecuencia les dices a las personas que las quieres? Si últimamente te acuerdas de alguien, ya sean tus hijos mayores, tus padres (que hace tiempo que no ves), tu pareja (con la que convives), pero no te has parado a dedicar esas palabras que sacan lo maravilloso que llevas dentro, diles que los quieres. Es de los mejores regalos de vida que puedes hacer. ¿Qué te parecería poner de moda expresar los «buenos» pensamientos, y expresar nuestras bellas emociones a quien amamos, a quien nos hace la vida más fácil, a quien nos inspira, a quien nos ha ayudado y a quien queremos porque sí?

Si la persona a la que te gustaría decírselo no está contigo y se fue, puedes escribirle una carta que exprese esos sentimientos que están en ti.

Verbalizar los sentimientos de amor no solo hace bien en el otro, sino que a nosotros nos hace aumentar la oxitocina u «hormona del amor», la serotonina o «sustancia de la felicidad» y la dopamina o «neuroquímico aliviador del dolor». Verbalizar y conectar con los sentimientos de amor hace un bien en nuestro entorno, pero sobre todo hace un bien en nosotros mismos y en nuestra salud.

Conecta con tu amor y díselo al mundo.

Visita tus lugares favoritos

Aquellos que nos recargan «las pilas», nos reconectan y donde la actividad es «el ahora». Puede ser el mar, la montaña, nuestra casa, nuestro pueblo, la ciudad. Además de las actividades favoritas y las personas favoritas, también existen los lugares favoritos. Llamarlo «favorito» no hace que sea excluyente, no quiere decir que los demás no nos gusten. Significa que hay espacios en los que nos sentimos especialmente bien, puede que por comodidad, seguridad, diversión, relax, paz, por sentirnos activos, inspirados, etc. Y esos lugares nos llenan de energía. Como parte del plan de inteligencia de vida, puedes identificar cuáles son para ti esos lugares e incluir en tu agenda de vida visitarlos.

Cómo salir del bucle y ayudarte a parar algunos pensamientos

Haz pausas entre acción y acción acompañadas de la respiración. Tómate una SODA, que quiere decir: Si Observas, Desactivas tu Automatismo. Practica la técnica STOP: en la que vas a hacer una pausa, y a continuación vas a tomar aire y respirar. Después, observa con distancia lo que estabas haciendo, lo que estabas pensando, cómo te estabas sintiendo y, finalmente, prosigue.

El poder de parar, observar y respirar es un gran recurso para ayudar a calmar nuestras sensaciones y ralentizar nuestro pensamiento.

Reto: convierte tu vida en tu mejor obra de arte

Actitud para comenzar una semana lleno de energía: al abrir los ojos, date un mensaje que te impulse y que dirija tu pensamiento. Si te es más fácil, puedes anotarlo el día anterior, antes de irte a dormir, y, por la mañana, cogerlo de la mesita de noche y leerlo. Si te levantas quince minutos antes:

- Te dará tiempo a meditar cinco minutos y pensar en actitud enérgica o positiva.
- Te dará tiempo a realizar una actividad en *slow*.
- Te dará tiempo a desayunar con calma.

Estos consejos, con práctica diaria, harán que tu cerebro se predisponga a salir preparado y con ganas a por este día con esa actitud poderosa de la que tanto se habla ahora.

Probablemente te sientas tan cómodo contigo que lo que te aturde por las mañanas o lo que te «duele» del lunes, por ejemplo, o el «rucu-rucu» al que está acostumbrado tu cerebro, haya pasado a otro plano y no sea protagonista.

Haz de tus pensamientos positivos los protagonistas de tu día

Entrena esta actitud a diario y verás sus efectos.

Te propongo una tarea para seguir conectado con tus propósitos. Coge un cuaderno y anota todo lo que te gusta y sientes que es positivo de tu rutina. Puede ser cualquier cosa: el café de la mañana antes de salir de casa, el descanso mental del hogar que tu cuerpo ya necesita a ratos, volver a ponerte esa ropa de tu armario que hacía mucho que no te ponías. Puede ser iniciar ese proyecto interesante que te ha venido a la mente este verano, volver o comenzar a ir al gimnasio, o tener nuevos propósitos. Pueden ser reencuentros con compañeros y padres del cole de tus hijos, el fresquito de las noches de septiembre, compartir tiempo con los amigos de siempre, volver a casa y sentir esa familiaridad, respirar agrado de estar en tu hogar. Volver al trabajo, sentirnos útiles en otro ámbito, seguir desarrollándonos...

Seguro que hay más de lo que imaginas.

Este ejercicio es muy útil y nos ayuda a ser conscientes, verbalizar y escribir lo que nos gusta de nuestra vida. Podemos impregnarnos de esas sensaciones y pensamientos de ser afortunados. Nos conecta con el agradecimiento, con sentirnos llenos, nos ayuda a ser positivos y fomenta nuestro yo más poderoso.

En ocasiones he visto, tanto en el trabajo como en la vida personal, que hasta nos gusta más nuestra rutina que las vacaciones, pero no está de moda expresarlo así. Lo importante es que en cada momento nos entreguemos a lo que viene con esa actitud de juego y presencia que los niños nos recuerdan: también nosotros somos eso.

Seguro que tu vida tiene muchas más cosas que te enamoran y te apetecen de lo que crees. Aprovecha y regálate esos momentos de mirar aquello que te gusta de tu vida. ¡Es una suerte!

¿Cuánto tiempo llevas sin hacer algo que te guste mucho?

Te animo a hacer una lista de cosas que te encantan, te encantaban o te encantaría hacer. Empieza a buscar huecos en tu día para realizarlas. Puede ser una actividad en solitario o compartida. Puede ser leer, ir al cine, tomar un café con alguien que nos llena, salir con la bici, recibir un masaje, bailar, correr, tomar una cerveza con amiguetes y echar unas risas, pasear, viajar. Te propongo que hoy elijas al menos una cosa que te encante y la hagas con alegría. Fortalecer y cuidar tu salud emocional será un regalo para ti y los tuyos.

Conecta contigo. Sintonízate, escucha tu melodía interior. Respira, escribe, sal, camina, muévete, corre, duerme, observa, pasea, siente y regálate tu presencia. Si conectas contigo, será muy fácil que lo puedas hacer con los demás. Si te atiendes, será un regalo para todos y también podrás atender. Si te cuidas, estarás cultivando en el jardín de tu vida.

RECUERDA

! La actitud es el gran poder para una vida en positivo.

! La neurociencia tiene su papel. Nuestro cerebro, nuestra máquina, tiende a ayudar a la actitud y le hace caso. Por eso es importante enviarle órdenes que nos sirven para llevar esa vida positiva que tanto nos ayuda y que nos conducirá a ser felices de verdad.

! La resiliencia es otro superpoder. Fortalecernos gracias a las circunstancias que vivimos, aprender, salir más sabios y valientes de los momentos en los que nos caemos o tropezamos es un gran trabajo que depende de nuestra actitud y que es necesario entrenar.

! El orden externo trae orden interno, y tus hábitos de vida conformarán tu destino. Cuida estos hábitos de salud, de descanso, de pensamiento, de relaciones. Cuida tu vida porque, en definitiva, eres tú.

! Atiende a qué miras y cómo miras, atiende a los mensajes que te das y cómo te los das. Practica la compasión, la actitud de aceptar y de buscar soluciones dentro de las limitaciones sanas de la vida.

Epílogo

Pongo el punto final a estas páginas con un deseo y un pensamiento.

Deseo que te haya gustado el libro, que haya sido útil. Insisto, una vez más, en que hemos venido a la vida a ser felices, y solo lo conseguiremos si crecemos y evolucionamos, siendo conscientes. ¿Cómo se crece y evoluciona? Pasando por experiencias que nos generan aprendizajes y, en ocasiones, crisis que, tratadas con conocimiento y actitud, se suelen convertir en nuestro siguiente nivel y al final nos llevan a encontrar más felicidad.

Es increíble, pero estamos genéticamente programados para reaccionar al peligro de una manera instintiva, muy primitiva, pero también venimos con la necesidad de sentirnos dichosos, de encontrar nuestro camino. Cuanto antes lo entendamos, más fácil nos resultará todo.

¿A veces nos complicamos la vida? Puede que sí. ¿A veces entendemos mal ciertas circunstancias y momentos? Sí. ¿Es irreparable, es malo? No. De todo se aprende. Cada experiencia, cada momento vital trae su aprendizaje. La vida no es permanente, lo único permanente es el cambio, y nuestro tiempo aquí es limitado.

¿Tenemos que sufrir para ser felices? No. Tenemos que cuidarnos, estar atentos y vivir la vida de manera consciente para que, cuando vengan circunstancias de la vida, no nos arrastre la marea; para estar preparados si nuestra vida nos parece insatisfactoria o estamos «depres», para evitar crearnos un huracán de crisis.

La actitud que determines para tu vida, lo que piensas, lo que dices, lo que haces conformará una manera de estar en el mundo, formará tu vida, tu destino. Si te haces responsable de ello, será una dicha para ti.

Cuando nacemos somos pura genética, pero con el tiempo va influyendo el ambiente, la educación, el aprendizaje, y ahí está la ciencia para demostrarnos que puede haber modificaciones en nuestros genes. Podemos cambiar esa configuración del ADN a través de los hábitos, de lo que hacemos, de lo que entrenamos. ¿No te parece un milagro? No hay nada determinado entonces, tenemos la posibilidad de evolucionar, de transformarnos en el cisne, de hacer de nuestra debilidad la gran fortaleza, de querernos, cuidarnos y hacernos cargo de nosotros mismos. Tenemos la posibilidad de darnos la oportunidad de ser felices. ¿Qué me dices? ¿Te animas?

Te invito con muchísimo cariño a venir conmigo a vivir la vida en positivo.

Agradecimientos

Siempre me había rondado la idea de escribir y compartir. De hecho, compartía algunos textos en reuniones de escritores de psicoterapia allá por el 2004. También escribía en un blog en el 2011, siempre con una recepción muy positiva y comentarios muy amorosos. Pero no imaginaba que en el 2020, en este momento, en casa, con todo lo vivido durante estos años, estaría tecleando en mi ordenador y con una gran alegría interior de iniciar este proyecto para ti.

La oportunidad de que puedas leer este libro surge de un mail sorpresa que me encontré en la bandeja de entrada, en septiembre del 2019. Lo enviaba Lucía Luengo (de Penguin Random House), maravillosa profesional y mejor persona; decía que le había gustado mi perfil en redes y que quizá podríamos hacer algo conjuntamente.

En ese momento, además de quedarme muy sorprendida, pensé: «¿De verdad? ¡Qué pasada!». Lo recibí como un regalo de Reyes Magos. No estaba en mi lista ese año, pero era lo que más me podía gustar.

Quedamos un día en las oficinas de Penguin en Madrid.

Yo iba emocionada de conocer a Lucía y con ese estilo que me caracteriza, esa mente de principiante de vivir una nueva aventura con la ilusión de un niño. La oficina me pareció un sueño, un lugar precioso, lleno de libros, moderno, con luz, tecnológico pero a la vez clásico, por no hablar de la amabilidad con la que me recibió Lucía. Nunca se lo he dicho, pero confieso que, cuando me vio, me sentí como si ya me hubiera visto antes... ¡como si fuera famosa! Claro que me había visto; yo estaba en las redes con un montón de fotos, publicando posts a diario y disfrutando mucho de este juguete.

Entonces, en septiembre del 2019, mi cuenta llevaba apenas unos meses de rodaje, yo estaba aprendiendo lo que era el mundo digital. También estaba empezando a tener la experiencia del contacto y la ayuda a personas que están muy lejos físicamente, pero a las que puedes llegar por este medio.

Lucía me enseñó las oficinas y me invitó a un café. Tuvimos una deliciosa charla, me sentí como si hablara con una amiga de toda la vida y ahí comenzó esta bonita historia de la que me siento muy enamorada. Las numerosas charlas telefónicas de más de una hora que hemos mantenido estos meses no tienen precio. Deberíamos haberlas grabado, porque de ellas saldría otro libro. Unos meses más tarde apareció en mi vocabulario la palabra «editor» y conocí a Oriol Masià, que ya se ha convertido en mi editor favorito, sin duda.

En los últimos meses, Oriol ha sido una ayuda inestimable. Con todo su cariño y su conocimiento me ha guiado con muchísima amabilidad y paciencia en el proceso de mi primer libro. Me ha acompañado en mi primera creación, que he realizado llena de pasión, con ese gusanillo de emoción a la par que timidez que me produce compartir y estar contigo, con todos vosotros.

Me gustaría continuar diciendo que siempre honro la palabra «AGRADECIMIENTO» y lo hago en mayúsculas. Me siento muy agradecida por todo lo que la vida me ha ofrecido y me ofrece (tanto cuando el viento soplaba a favor como cuando venía tormenta). Me siento muy agradecida por gestionar mis emociones y poder poner el foco en aquello que me ayudará, en aquellas posibilidades, en seguir hacia delante.

Quiero dar las gracias a muchas personas: a mis padres, a mi hermano, a mi marido, a mis hijos, a mis maestros de psicología, a mis mentores, a mis pacientes/clientes, a mis compañeros de trabajo, a mis colegas y, otra vez, a mi editor Oriol Masià, y a Lucía Luengo por la oportunidad de escribir este libro. Agradezco a todos los maestros que traen esas circunstancias, que me permiten aprender, indagar, investigar y traducir estas experiencias en enseñanzas de vida y ayuda.

Agradezco a todas las personas que han intervenido e intervendrán en mi vida, porque gracias a ellas soy quien soy, y llegaré a ser quien llegue a ser.

Agradezco lo que me pareció negativo y una condena, así como lo que me pareció un milagro y una bendición; todo me ha conformado y me sigue conformando. Por eso, gracias de todo corazón.

Bibliografía

Si quieres saber más sobre psicología, te invito a conocer algunos de los libros con los que más he aprendido y sigo aprendiendo día a día. ¡Feliz lectura!

Bucay, Jorge, *Déjame que te cuente*, Barcelona, Debolsillo, 2020.

—, *Cuentos para pensar*, Barcelona, Debolsillo, 2020.

Canfield, Jack, *Sopa de pollo para el alma*, Barcelona, Alba Editorial, 1996.

Carretié Arangüena, Luis, *Anatomía de la mente*, Madrid, Pirámide, 2016.

Carter, Rita, *El nuevo mapa del cerebro*, Barcelona, Integral, 2001.

Damasio, Antonio, *El error de Descartes*, Barcelona, Destino, 2018.

Doria, José María, *Las 40 puertas*, Madrid, La Esfera de los Libros, 2016.

—, *Cuentos para aprender a aprender*, Madrid, Gaia, 2011.

—, *Inteligencia del alma*, Madrid, Gaia, 2009.

Frankl, Victor E., *El hombre en busca de sentido*, Barcelona, Herder, 2015.

Gil, Roger, *Neuropsicología*, Barcelona, Elsevier, 2019.

Goleman, Daniel, *Inteligencia emocional*, Barcelona, Kairós, 2004.

—, *La práctica de la inteligencia emocional*, Barcelona, Kairós, 1999.

Kabat-Zinn, Jon, *La práctica de la atención plena*, Barcelona, Kairós, 2007.

Martín, Ángeles, y Vázquez Bandín, Carmen, *Cuando me encuentro con el capitán Garfio... no me engancho: la práctica de psicoterapia Gestalt*, Bilbao, Desclée de Brouwer, 2006.

Nisargadatta, Maharaj, *Yo soy Eso*, Málaga, Sirio, 2007.

Perls, F. S.; Hefferline, R. F., y Goodman, P., *Terapia Gestalt: excitación y crecimiento de la personalidad humana*, Ferrol, Ediciones de la Sociedad de Cultura Valle-Inclán, 2002.

Punset, Eduardo, *El viaje a la felicidad*, Barcelona, Destino, 2007.

—, *Viaje a las emociones*, Barcelona, Destino, 2012.

Sacks, Oliver, *El hombre que confundió a su mujer con un sombrero*, Barcelona, Anagrama, 2008.

Sharma, Robin S., *El monje que vendió su Ferrari*, Barcelona, Plaza y Janés, 2001.

Tierno, Bernabé, *Valores humanos*, Madrid, Taller de Editores, 1996.

Vázquez Bandín, Carmen, *Sin ti no puedo ser yo: pensando según la terapia Gestalt*, Madrid, Asociación cultural los Libros del CTP, 2014.

Visser, Frank, *Ken Wilber, o la pasión del pensamiento*, Barcelona, Kairós, 2004.

Wilber, Ken, *Breve historia de todas las cosas*, Barcelona, Kairós, 1997.

—, *La conciencia sin fronteras*, Barcelona, Kairós, 1985.

Vidas en positivo de Ana Asensio
se terminó de imprimir en febrero de 2022
en los talleres de
Impresora Tauro, S.A. de C.V.
Av. Año de Juárez 343, col. Granjas San Antonio, Ciudad
de México